A ARTE da GUERRA ESPIRITUAL

Grant Schnarr

A ARTE da GUERRA ESPIRITUAL

Um Guia para a Paz Duradoura
Baseado no Livro *A Arte da Guerra* de Sun Tzu

Tradução
ALÍPIO CORREIA DE FRANCA NETO
MARIA GABRIELA DA SILVA BRAGA

EDITORA CULTRIX
São Paulo

Título do original: *The Art of Spiritual Warfare.*

Publicado mediante acordo com a Theosophical Publishing House,
306 West Gevena Road, Wheaton IL 60187 — USA.

O primeiro número à esquerda indica a edição, ou reedição, desta obra. A primeira dezena à direita indica o ano em que esta edição, ou reedição, foi publicada.

Edição	Ano
1-2-3-4-5-6-7-8-9-10-11	03-04-05-06-07-08-09-10

Direitos de tradução para a língua portuguesa
adquiridos com exclusividade pela
EDITORA PENSAMENTO-CULTRIX LTDA.
Rua Dr. Mário Vicente, 368 — 04270-000 — São Paulo, SP
Fone: 272-1399 — Fax: 272-4770
E-mail: pensamento@cultrix.com.br
http://www.pensamento-cultrix.com.br
que se reserva a propriedade literária desta tradução.

Impresso em nossas oficinas gráficas.

Para meus quatro filhos,

que estão se tornando verdadeiros guerreiros espirituais:

RONALD, JASON, OWEN, STEVEN

Sumário

Agradecimentos

Este livro não poderia ter sido escrito sem a sabedoria fundamental de Sun Tzu, cujos ensinamentos de 2.500 anos são tão relevantes hoje quanto sempre foram, especialmente quando lidos num nível espiritual. Os excertos de *A Arte da Guerra* de Sun Tzu, que precedem cada capítulo, foram tirados de uma tradução do Reverendo Jon Jin, cujo trabalho cuidadoso e maçante é muito apreciado. Também contei com duas outras traduções para comparação: a tradução de Thomas Cleary, Shambhala Publications, Boston, 1991; e a tradução de Roger Ames, Ballantine Books, Nova York, 1993. Agradeço a Robert Moore a inspiração e o encorajamento para escrever este livro. O trabalho dele transformou-se em mudança de vida para muitos. Estou em débito para com ele pela sua ajuda. Também agradeço a Ray Silverman pelo seu entusiasmo e pela preparação final do texto.

Prefácio

É preciso uma pessoa extremamente corajosa para sugerir nestes tempos que devemos utilizar o imaginário da batalha espiritual e do combate espiritual para discutir um aspecto peculiar, e *muito importante,* da práxis da espiritualidade humana. Ao publicar este livro, Grant Schnarr está demonstrando uma coragem revigorante. Para um autor começar a abordar este tópico em nosso contexto contemporâneo, ele deve estar disposto a se envolver com algumas das mais sólidas e estimadas — ainda que perigosas e equivocadas — suposições da ideologia, da teologia, da psicologia e da espiritualidade contemporâneas. Cada uma dessas áreas do discurso, em anos recentes, tentou resolver de imediato os problemas da violência humana eliminando a palavra "guerreiro" do nosso léxico oficial. De acordo com essas orientações populares, a eliminação da violência humana e dos comportamentos destrutivos será alcançada purgando-se o discurso religioso — até a hinologia — de qualquer referência a batalha ou a combate... e insinuando-se que quem quer que fale da batalha espiritual ou use imagens marciais, ou mesmo sugira que se pense em "estratégia" espiritual ou "tática" está, assim, causando violência e conspirando com o que há de pior na natureza humana ou na cultura. Seria difícil enfatizar em demasia a extensão da aceitação simplista e ingênua desse ponto de vista.

O que se perde quando temos uma teoria da mudança que supõe que não falar de um aspecto da psique humana e do comportamento faz com que isso desapareça? O que acontece quando a nossa abordagem da espiritualidade não inclui a capacidade de imaginar a vida espiritual em termos de um combate desesperado? Permitam-me compartilhar algumas reflexões.

Primeiro, só os que não se beneficiaram da revolução na consciência operada pelas várias tradições da psicologia profunda continuarão aderindo a uma teoria da mudança tão ingênua quanto a mente do Iluminismo e seus derivados contemporâneos. Quando uma pessoa está consciente da dinâmica da repressão e da negação (e dos outros mecanismos de defesa do ego), essa pessoa não estará tão segura de que a agressão que está longe dos olhos (não verbalizada como tal) continuará longe da mente (não presente nem ativa no inconsciente e no comportamento). *Em resumo, nunca podemos esperar lidar com a enormidade do problema da agressividade humana "purificando" o nosso idioma e admitindo que as imagens míticas relacionadas com instintos humanos agora desapareceram e não estão mais em ação.* Eis o aspecto em que a ênfase de Carl Jung em enfrentar a realidade objetiva da psique e seus conteúdos arquetípicos coletivos é tão importante. Seguindo a tradição de Jung, passei um bom tempo na minha pesquisa psicanalítica e nos meus escritos mostrando o caminho pelo qual o inconsciente coletivo contém o imaginário arquetípico do guerreiro, e que a agressão é, na realidade, um dos quatro blocos principais da construção de um eu humano saudável e maduro — masculino ou feminino.

Do ponto de vista de uma psicanálise estrutural junguiana, a questão não é a de nenhuma fantasia ingênua quanto a eliminar a agressividade humana não pensando nela, mas, de preferência, quanto a encarar a realidade do papel da agressividade na psique e quanto a descobrir canais apropriados para sua expressão madura no serviço e na liderança para um futuro justo e humanitário. Assim como o arquétipo do rei/rainha, não contrabalançado por um arquétipo do mágico profético e sábio, conduz à tirania e à arrogância do poder, o arquétipo do amante, não equilibrado por um arquétipo do guerreiro completamente fortalecido e integrado, pode levar à ingenuidade, ao masoquismo e à revolta inconsciente com as operações do mal na psique e no mundo social.

A questão da realidade do Mal Radical é especialmente importante ao considerar questões relativas à batalha espiritual. Carl Jung desafiou corajosamente os teólogos de sua época, os quais tendiam a reduzir o mal a um conceito teológico, evitando enfrentar sua atuação terrível na nossa vida. Ele nos conclamou a reconhecer o poder enorme do Mal Radical, tanto em nós quanto no mundo exterior. Ele viu o nosso desenvolvimento pessoal e espiritual como uma luta pela consciência do mal, e enfatizou a importância de desenvolver a coragem para enfrentá-la. Na realidade, os fundamentos mais importantes do discernimento espiritual dependem de uma avaliação adequada dos potenciais do arquétipo do guerreiro na psique humana. Sem usar o arquétipo do guerreiro na psique humana, em vez de anular o mal, a pessoa *está apenas negando-lhe a existência.* Quando solicitado para definir o que significa ser um guerreiro, às vezes eu respondo: "Os guerreiros combatem o mal, freqüentemente com risco de seu próprio bem-estar." Se a pessoa não puder discernir a presença do mal, ela certamente não poderá opor-se a ele... e sem o desenvolvimento do guerreiro interior, a pessoa quase certamente será ineficaz na luta contra ele.

Grant Schnarr escreveu um "manual de treinamento" que serve de sagaz introdução a quem se inicia na batalha espiritual. Ele atualizou pontos de vista tradicionais para nos ajudar na nossa luta para viver com integridade, coragem e fidelidade aos nossos valores espirituais e compromissos — que são a nossa missão fundamental. Estou em débito para com ele pela sua contribuição e honrado por dar-lhe minhas entusiásticas congratulações.

— Robert L. Moore, Ph.D.

Introdução

Você e eu somos convocados para uma batalha tão antiga quanto a humanidade e, no entanto, tão relevante quanto o ar que você está prestes a respirar. Essa é, talvez, a única batalha nobre, porque não se trata de matar, de tomar terras, de fazer o papel do agressor, nem de dominar pessoas. Nem mesmo se trata de aprender a ser mais rude nem defender limites pessoais e espaço emocional. Em vez disso, a batalha que nos conclama é a luta pela liberdade pessoal interior, pela saúde espiritual, pelo amor, pela bondade e pelo desenvolvimento. É a batalha pelo bem-estar do nosso próprio espírito e pela recuperação de nossa alma. É a luta pela espiritualidade, a luta que pode trazer paz duradoura para nós mesmos e para o mundo.

Todos lutam com demônios pessoais, com tendências destrutivas que não só criam infelicidade, mas que geram uma dor insuportável; mas a vitória sobre esses inimigos espirituais também é possível, e, com ela, a paz espiritual. Na minha própria vida, a luta para superar o comportamento vicioso e os defeitos de caráter associados a uma personalidade viciosa foi uma batalha dura. Parece que assim que derrotei um inimigo para o meu bem-estar espiritual, um outro inimigo irrompe na colina em ataque total. Às vezes, pude ver inimigos espirituais se aproximando e se preparando para atacar de repente a minha alma. Outras vezes, fui surpreendido completamente e tive de congregar minhas forças pessoais contra eles. Nem sempre ganhei. Houve algumas derrotas humilhantes, mas, com a ajuda do Divino e de um coração humilde, pronto para pôr-se de pé e combater de novo, tive mais vitórias que derrotas. Como resultado, estou reivindicando um novo terreno a cada dia, e, com ele, nova liberdade e paz interior.

Encontrei ajuda para lutar com os meus próprios demônios nas grandes religiões e filosofias espirituais do mundo — tudo desde a Bíblia ao Tao Te Ching, do Alcorão ao Bhagavad-Gita, dos ensinamentos espirituais de Emmanuel Swedenborg às lendas dos ameríndios. O que surpreende é como tantas religiões e disciplinas espirituais dizem as mesmas coisas. Elas reconhecem as lutas espirituais interiores e partilham a sabedoria incrível sobre como empreender a batalha contra nossos inimigos espirituais interiores. Para muitos, esses demônios pessoais têm sua origem num reino espiritual. Eles não são apenas limitações humanas, mas inimigos sutis que operam através de nossas faltas; eles simplesmente não são acessos de ignorância, mas agressões de forças das trevas. Em muitas dessas religiões antigas, dessas filosofias espirituais, como, por exemplo, o Zoroastrianismo ou o Maniqueísmo, isso é descrito como a batalha entre o bem e o mal.

Não acredito pessoalmente que um demônio fundamental esteja orquestrando exércitos espirituais contra a hoste celeste; mas acredito na batalha entre o bem e o mal. Eu não tenho escolha. Eu tive a experiência disso no meu próprio ser desde que era jovem. Eu não só testemunhei mas *senti* os anjos e demônios lutando para se apoderar da minha alma. Fui intimamente envolvido em toda a batalha através de minhas escolhas, desejos, lutas e noites escuras da alma. Testemunhei essa batalha se desenrolando num mundo que parece estar às raias da guerra espiritual declarada, um mundo em que a brutalidade, a injustiça e a desumanidade travam guerra contra a compaixão, a clemência e o amor. Eu acredito pessoalmente que essas são forças espirituais que lutam umas com as outras, pelejando para ganhar terreno em cada coração humano e no mundo. Eu sei que se eu fizer a minha parte travando as batalhas contra as forças mais escuras no meu próprio ser, eu não só me ajudo mas também, por meio de meus esforços escassos, faço com que haja mais luz e amor no mundo.

Imagine que diferença faria se cada pessoa se comprometesse a se opor ao que é destrutivo em si mesmo e na sua vida e se empenhasse em trabalhar para a melhoria do eu e do mundo! Isso teria um impacto incrível sobre cada pessoa e na sociedade como um todo. Não é essa a causa real e nobre de toda religião principal, de toda filosofia espiritual? Essa é a causa que faz de nós todos um povo, em uma fé, entregues a um Deus que chamamos por nomes diferentes.

Quer saibamos que essas forças em batalha emanam de reinos espirituais ou personificam instintos animais conflitantes, não faz muita diferença para nosso crescimento espiritual e felicidade; mas considerar tendências destrutivas como inimigos pessoais ajuda a nos distanciar deles. Isso dá-nos um quadro mais claro do que essas tendências são e de como elas causam destruição na nossa vida, enquanto ao mesmo tempo nos fortalecem quanto a nos livrarmos delas. Portanto, basta-nos reconhecer as forças das trevas e lutar contra elas para nos tornarmos pessoas melhores e fazer do mundo um lugar melhor. Quando fazemos isso, a missão se torna clara, o inimigo se torna claro e a batalha está prestes a acontecer. A trombeta soou, e somos conclamados à batalha espiritual.

Cada vez mais as pessoas estão reconhecendo a realidade da guerra espiritual, e muitos livros foram escritos recentemente sobre o guerreiro espiritual. Alguns são muito bons ao descrever a preparação, as atitudes e as ações do guerreiro, e alguns abordam a batalha quanto a defender o território da pessoa ou lutar por uma causa; porém, a maioria não fala sobre a batalha espiritual em si. Talvez isso se deva ao fato de as pessoas terem medo de que a sua mensagem seja mal interpretada como uma volta à religião dogmática ou às fábulas espirituais que já não funcionam na sociedade moderna. Talvez as pessoas apenas não saibam muito sobre a batalha, de modo que não falam sobre ela. Isso é triste, pois a batalha é aquilo em torno do qual gira o guerreiro espiritual. É pela batalha que o guerreiro espiritual cresce e realiza a mudança em si mesmo e no mundo. Por meio da batalha espiritual o guerreiro nasce, toma forma e se modela num nobre soldado. Com a vitória, o guerreiro é transformado, e assim também uma fração do mundo se transforma em algo melhor.

Este livro, *A Arte da Guerra Espiritual*, é sobre a própria batalha interior. É sobre a luta e a estratégia, a perspicácia e a inspiração, e sobre como, quando e onde lutar. Ele convoca a sabedoria dos maiores guerreiros espirituais de todas as épocas, dos que lutaram para derrotar as forças sombrias interiores e buscaram fazer do seu mundo um lugar melhor.

Estruturei essa sabedoria em torno daquele que talvez seja o melhor livro sobre guerra já escrito: *A Arte da Guerra* de Sun Tzu. Esse livro de dois mil anos há muito tem sido reconhecido como um dos tratados mais importantes escritos sobre a estratégia da guerra. Seus princípios foram estudados e adotados por generais ao longo da história, para batalhas antigas na China, até para as guerras napoleônicas e as guerras mundiais modernas. Deparei-me com a obra de Sun Tzu por acaso. Eu a vi primeiro na estante para livros de um amigo, em Colorado. O título saltou-me à vista. Lembro-me de folhear o livro na casa do meu amigo, relanceando o olhar de maneira ansiosa para o índice, estudando os títulos dos capítulos. Algo nele me atraiu. Percebi que o que eu tinha em mãos não era só um livro sobre estratégia militar, mas uma parábola para lidar com a minha própria vida. Eu tinha lutado com os meus próprios demônios por muito tempo usando programas de doze estágios e outras redes de apoio, e estava familiarizado com a batalha real para ter uma vida de amor e integridade. Nesse antigo livro de estratégias de batalha para o plano físico exterior, reconheci imediatamente o potencial para a ajuda no plano espiritual. Os mesmos princípios são verdadeiros, quer a guerra seja exterior quer interior.

Eis aqui algumas das lições de Sun Tzu que me saltaram à vista:

> Se você conhece o inimigo e a si mesmo, não correrá risco em cem batalhas.
> Fique no terreno que é inexpugnável ao inimigo.
> Travar qualquer batalha sem uma estratégia é deixar escapar a vitória.
> Aquele que entra na batalha atento reivindicará a vitória.
> O tempo é importante ao confrontar os inimigos.
> Saiba quando lutar e quando não lutar.
> Conheça o terreno no qual você trava a batalha.
> Calma e decisão são fundamentais no calor da batalha.
> Um bom general trilha o Caminho (o Tao).

Cada uma dessas lições, e muitas outras, me ensinaram algo sobre confrontar os meus demônios pessoais e me dominar. Por exemplo, um de meus maiores inimigos espirituais é uma necessidade opressiva de controlar o meu mundo. Sim, minha tendência é ser um "viciado" em controle. Muito dessa característica advém do fato de eu ter crescido com um pai alcoólatra cujo humor e ações eram freqüentemente imprevisíveis. A experiência incutiu em mim que a melhor coisa que eu tinha a fazer era controlar o meu mundo se eu quisesse me proteger. O desejo do controle total pode me deixar louco, enchendo-me de medos de que o que eu não controlo me ferirá e até me atacará. Esse inimigo espiritual me teria feito acreditar que não se pode confiar nos outros, que eu tenho de fazer isso, independentemente do que isso seja, sozinho. Isso se torna uma armadilha, porque sempre há muito a fazer e muitas variáveis que eu não posso controlar.

Prestar atenção nesse inimigo, aprender cada movimento seu, seus pontos fortes e fracos, ajuda-me a derrotá-lo. Simplesmente agora eu não reajo por medo quando afloram circunstâncias além do meu controle. Quando sinto esse desejo assomar em mim, posso vê-lo se aproximando. A trombeta de alerta ressoa. Eu digo: "Lá está, o medo. Eu não tenho que ser medroso." Parte do meu trabalho espiritual está em conseguir conhecer e reconhecer esse inimigo. Também aprendo a reconhecer as situações nas quais sou mais vulnerável. Por exemplo, eu sei que em qualquer tipo de plano para o futuro com alguém, quando apostar nas conseqüências, minha tendência será entrar numa batalha pelo controle. Conhecendo esse terreno, posso me preparar antes de entrar nele. Posso tentar ficar no terreno que é inacessível a esse inimigo do medo e do controle.

Aplicando esses e outros princípios, descobri que as batalhas que enfrentei se tornaram menos prolongadas e terminaram mais freqüentemente em vitória do que em empate ou derrota. Descobri também que podia evitar muitas lutas desnecessárias e desfrutar muito mais paz na minha vida. Meu desenvolvimento espiritual verdadeiramente se acelerou em todos os níveis. Compartilhando essa abordagem em aulas, seminários e retiros, descobri que ela era um grande benefício para os outros. Minha esperança em reunir esses ensinamentos neste livro é a de que ele possa ajudar muito mais pessoas na sua luta espiritual e, assim, ser útil para o mundo como um todo.

Comecei cada capítulo de *A Arte da Guerra Espiritual* com uma seleção dos escritos de Sun Tzu para transmitir o sabor do original e também encorajar o leitor a ter mais idéias do que as que tive. Em alguns lugares, usei partes do texto original nos próprios capítulos, pois a sua verdade, quando interpretada num nível espiritual, é inestimável. Também acrescentei tarefas no fim de cada capítulo para ajudar a fundamentar as introvisões espirituais no mundo real e na vida diária. Combinando assim os princípios com as aplicações práticas, busquei criar um guia para a guerra espiritual.

Por muito tempo, busquei um guia de campo para minhas próprias batalhas espirituais. Estudando os textos antigos e combinando a inteligência e a sabedoria deles, achei esse guia. Ele me ajudou inacreditavelmente. Na realidade, fiquei surpreso com o novo sentido de liberdade e poder que ele me deu. Ele permitiu que eu me distanciasse dos meus inimigos interiores, vendo-os pelo que eles verdadeiramente são, e reconhecesse o poder destrutivo deles na minha vida. Deu-me coragem para avançar com audácia e discernimento contra eles. Tenho agora instrumentos à minha disposição e armas com que me defender contra os meus agressores espirituais. O guia deu-me a força para derrotar alguns inimigos que eu nunca imaginei derrotar, e a satisfação de saber que eu posso, de fato, vencer a batalha. Minha esperança é que ele faça o mesmo por você. Na realidade, eu sei que, se você abraçar a causa da transformação pessoal, você achará *A Arte da Guerra Espiritual* um guia fiel, um professor, um mestre e um aliado no combate espiritual. Você se tornará gradualmente um combatente poderoso contra seus inimigos espirituais, e ganhará muitas batalhas incríveis na sua vida espiritual.

Além disso, pessoalmente, eu acho que o momento é agora. Há muitas trevas no mundo; muito ódio, egoísmo, brutalidade; muita dor e tristeza. Eu sinto que as forças das trevas estão resistindo pela última vez; mas essa não é uma batalha sobrenatural num plano distante. É através da humanidade que essa destruição se dá, e é através da humanidade que ela pode ser derrotada. Isso começa dentro de você e de mim, onde também termina; mas, se as forças das trevas estiverem fazendo sua manobra, podemos estar certos de que o céu também faz a sua. Quer sejam os anjos seres reais, quer símbolos de forças espirituais acima da alma humana e dentro dela, eles estão nos incitando à ação. Eles estão tocando cada um de nós, despertando-nos do nosso sono espiritual e nos conclamando à batalha. Miguel e seus anjos estão combatendo o dragão, mas eles precisam da nossa ajuda, porque a batalha é travada dentro de nós. Está na hora de ouvir o chamado, de acordar, de vestir a nossa armadura e lutar. É hora de atacar violentamente o refúgio do dragão dentro de nosso próprio coração e de nossa mente, e nos livrarmos de sua fúria. É hora de nos reunirmos para restabelecer o amor num mundo sem amor; deixar a paz real, espiritual e natural habitar todas as terras; e permitir que a bondade, a justiça, a clemência e o Divino reinem uma vez mais na nossa mente, no nosso coração e na nossa vida.

Sun Tzu disse:

A ação militar é importante para a nação — é o terreno da morte e da vida, o caminho da sobrevivência e da destruição; assim, é imperativo examiná-la. Portanto, avalie em função de cinco coisas, use essas avaliações para fazer comparações e, assim, descubra quais são as condições. As cinco coisas são o Caminho, a atmosfera, o terreno, a liderança e a disciplina [...]

CAPÍTULO 1

Avaliações Espirituais

A guerra espiritual é a questão vital da condição humana. É o campo no qual a vida espiritual e a morte são determinadas, e a estrada que conduz à sobrevivência interior ou à ruína. O resultado dessa guerra determina se a pessoa vive infeliz e descontente, ou se, por dominar o ego na luta espiritual, a pessoa encontra paz interior duradoura. Conhecer intimamente o caminho de combate espiritual e a habilidade para lutar nele é de importância extrema. Nada é mais valioso, pois a qualidade da vida espiritual da pessoa depende disso.

Para entender a natureza de sua condição espiritual e avaliar o resultado de qualquer luta interior, pondere sobre a sua situação com base nos cinco critérios seguintes, defendidos por Sun Tzu. O primeiro é o Caminho (o Tao); o segundo é a atmosfera espiritual; o terceiro é o domínio terrestre; o quarto é o caráter; e o quinto é a disciplina.

1. O Caminho, ou Tao, é o princípio organizador do Taoísmo, uma religião sistematizada no *Tao Te Ching* de Lao Tsé, no sexto século a.C. Mas saiba que "O Tao que pode ser expresso em palavras não é o verdadeiro Tao". O Caminho é infinito e incognoscível em si mesmo, e no entanto deve ser explorado por quem quer que busque o desenvolvimento espiritual. Na tradição não-teísta oriental, o Caminho é a ordem da vida, o fluxo de todas as coisas, o solo inefável de todo ser. Em termos de teologia ocidental, o Caminho é a criação de Deus, a providência, a ação, a graça e a paz, tudo reunido num Uno resplandecente. Para o guerreiro espiritual, isso se torna um caminho em que se depara com desafios e com a boa fortuna, a tristeza e a alegria, a vitória e a derrota. Por meio da aceitação e da boa vontade para aprender e crescer, o guerreiro mestre é conduzido pelo Divino. O guerreiro espiritual deixa que a vida se desenvolva, e não se bate contra ela, mas de preferência aprende a arte da rendição ao Divino, e, como uma criança, permite que o Divino esteja à frente de todas as coisas abençoadas.

O caminho do guerreiro espiritual é um paradoxo. É uma luta e não é uma luta. É uma guerra contra si mesmo e, ao mesmo tempo, não é uma guerra contra si mesmo. É uma batalha que só pode ser travada estando sozinho, e no entanto o guerreiro espiritual nunca luta sozinho. É uma batalha que o guerreiro espiritual não pode ganhar, porque as forças espirituais adversárias são muito poderosas, mas a vitória sempre é alcançada. O mestre da batalha espiritual controla a vida e o destino individual, permitindo-lhes se desenvolver e reagir de acordo com seu desenvolvimento. O perito na guerra espiritual conquista a si próprio descobrindo as forças mais sombrias que se agitam por dentro, não por meio da associação a elas, mas opondo-se a elas. Na luta espiritual profunda, o guerreiro poderoso se rende a poderes superiores para alcançar a vitória. Lutando sozinho, o guerreiro espiritual solicita a ajuda dos aliados de um reino superior, os quais conseguem a vitória. O guerreiro mestre age sem expectativas, luta sem agressão, ganha sem ganhar. Isso pode parecer um paradoxo, e na verdade é; mas estude isso, medite acerca disso, viva segundo isso, e você entenderá a sua verdade. Por ora, saiba disto: a rendição ao Divino é o primeiro passo no Caminho.

2. A atmosfera espiritual refere-se à luz e às trevas, bem como à posição mutável delas no reino espiritual. A maior batalha é travada nesse terreno superior e com forças muito distantes do escopo e imaginação humanos. Trata-se de um conflito eterno entre os poderes da luz e das trevas, do amor e do ódio, do bem e do mal, e entre a vida espiritual e a própria morte. É vasto e imenso, e embora ele se manifeste no conflito terreno e no embate, realiza suas maiores pelejas no campo de batalha da alma humana. O guerreiro mestre conhece essas forças e contribui para a maior vitória através da perseverança nos conflitos individuais e no embate interior. Pelo reconhecimento das forças das trevas e da luz, o guerreiro mestre entra nessa arena superior como um combatente da liberdade. Como se despertando de um sono profundo, o guerreiro espiritual ascende a uma nova consciência e a um novo desafio: ao lutar pela própria liberdade, o guerreiro espiritual luta por toda a humanidade. E assim foi escrito nos velhos tempos:

> Pois não é contra os homens de carne e sangue que temos de lutar,
> Mas contra os principados,
> Contra as potestades,
> Contra os príncipes deste mundo tenebroso,
> Contra as forças espirituais do mal no reino divino.
>
> (Efésios 6: 12)

A consciência das realidades superiores na vida da pessoa e da atmosfera espiritual na qual ela habita ocorre mais facilmente a alguns do que a outros. Ouvi muitas pessoas dizerem que nos tempos mais tenebrosos elas sentem seus impulsos destrutivos brotando de forças maiores do que as suas, que alimentam tais impulsos e os dirigem como tropas no campo de batalha da mente e da alma. Senti isso desse modo várias vezes na luta para me libertar de todo demônio pessoal que pudesse estar me atacando. Senti ímpetos de raiva, de luxúria ou, cheio de horror, agi irracionalmente. Quem não agiu assim? Mas você alguma vez se perguntou: "Como eu pude fazer isso?" — ou disse que "Eu não agia por mim"? Isso não é só uma desculpa para culpar outra pessoa pelas nossas ações. Não é simplesmente repetir a antiga frase: "Foi o diabo"— para fugir da responsabilidade. Realmente, somos responsáveis pelas nossas ações. Mas há uma força motriz por trás do medo e da angústia, por trás da compulsão e do desejo, por trás do egoísmo e da necessidade. Para mim, essas são as forças do inferno, que trabalham para desmantelar a minha vida e me manter prisioneiro, enquanto Deus e os anjos lutam pela minha alma. Saber isso me ajuda a não me identificar com as tendências destrutivas que sinto em mim. Posso apoiar o Divino e as forças do bem, lutar e viver a vida livre da autodestruição.

Sentir que também há uma batalha maior acontecendo num plano espiritual dá à minha vida um significado mais profundo. Isso é verdade para quem quer que deseje tornar-se um guerreiro espiritual. A iluminação do reino espiritual confere a mim o conhecimento de que a vida não é apenas sobre aprender a pensar e agir de um modo mais bem-sucedido, superar hábitos aborrecidos, conseguir o que eu quero e me sentir saudável e pronto para atacar o mundo, mas também sobre aprender a viver com integridade, amor e proveito; não só porque me ajudará, mas, o que é mais importante, porque ajudará a realizar a causa do Divino quanto a levar amor e bondade ao mundo.

3. O domínio terrestre refere-se à paisagem interior na qual o guerreiro viaja e às circunstâncias em que o guerreiro depara inimigos interiores. O domínio terrestre concerne à dificuldade da passagem e ao grau de oportunidade para benefícios espirituais. Tem que ver com a dimensão na qual cada batalha acontece e com a medida de segurança espiritual em cada circunstância. Esse é o plano em que a contenda maior é travada em última análise. Numa vida de desafios e decisões e por meio de uma variedade de cenários exteriores, apuros, ilusões e revelações — principalmente no contexto do mundano — o guerreiro espiritual cumpre o papel de guerreiro. Embora o guerreiro geralmente só esteja consciente num único nível, trata-se de um papel desempenhado simultaneamente em dois mundos, da vida natural e espiritual, cada qual apresentando o seu próprio terreno mutável. O guerreiro mestre reconhece o fluxo e refluxo da batalha e entra em ação adequadamente.

Assim, o domínio terrestre é o mundo consciente, cotidiano, em que o guerreiro vive. Ele forma os ambientes e as circunstâncias que o guerreiro enfrenta diariamente. Ficar consciente das circunstâncias em que se vive — por exemplo, de como a ocupação, o casamento, os passatempos, a casa e os amigos afetam o ser espiritual da pessoa — é o modo como o guerreiro começa a ter controle da vida. Ele aprende a distinguir entre quais situações causam dor ou felicidade e quais circunstâncias iniciarão alguma luta interior ou levarão à paz de espírito, e age apropriadamente. O guerreiro mestre não dorme vida afora, mas conhece a vida intimamente, conhece o terreno precisamente e caminha com atenção e cuidado.

4. Caráter é uma questão de sabedoria e integridade, de humanidade, coragem e determinação. Não é algo inato, mas de preferência é cultivado por meio do combate espiritual, na vitória e na derrota, pois ambas as coisas ensinam suas próprias lições a quem humildemente anseia pela verdade. O guerreiro sábio não nasce da inteligência e argúcia no campo de batalha, mas da luta do coração. É o amor que cria a sabedoria, e o amor e a sabedoria juntos dão à luz integridade.

O guerreiro espiritual está numa missão pessoal. Essa missão é tão grande e abrangente quanto o próprio domínio terrestre, e é tão alta e nobre quanto o reino divino. No entanto, a missão começa mudando, não o mundo, mas a si mesmo. Pois se a pessoa combate as tendências destrutivas interiores, o mundo tem a vitória, os céus têm a vitória, e o guerreiro espiritual reivindica o prêmio da vitória para si mesmo.

O guerreiro espiritual compete contra o ódio a bem do amor, contra a indiferença a bem da compaixão, contra a crueldade a bem da bondade, contra o profano a bem do que é sagrado e santo, contra o que é mau a bem do que é genuinamente bom. Então, o guerreiro mestre se esforça para ser verdadeiramente humano, nunca erguendo a mão em ira contra um oponente, só lutando pelo que é certo, tomando da espada da verdade em defesa do próximo e oferecendo o fogo do amor para o conforto e o calor. Portanto, o desafio do guerreiro vem de longe:

Que os que trocariam
A vida deste mundo pelo futuro
Lutem pela causa de Deus;
Quem luta pela causa de Deus,
Quer morra quer triunfe,

Será ricamente recompensado.
E como não lutar...
Pelos velhos desamparados, pelas mulheres e crianças
Que dizem, "Livra-nos, Senhor,
Da cidade dos malfeitores;
Envia a nós um guardião da tua presença;
Envia a nós da Tua presença alguém que nos ajudará?"

(Alcorão 4:74-75)

5. A disciplina enseja a eficiência da organização, certa capacidade de reagir a comandos superiores e apoio logístico. A inércia, a desobediência, o orgulho e a teimosia incapacitam o guerreiro espiritual e anulam a conexão com os aliados espirituais. Tomar decisões rápidas e agir depressa, de acordo com as circunstâncias em desenvolvimento, levando a cabo ordens das fontes superiores, e pedir apoio em tempos de necessidade às forças espirituais no reino divino são as marcas da disciplina espiritual.

Aprender a arte da disciplina requer tempo e prática. Sem prática, a pessoa não pode tornar-se perita em nada. Isso é igualmente verdadeiro na guerra espiritual. Praticar sempre o desapego quanto à preocupação consigo mesmo e seguir a vontade Divina, acostumar-se a dar quando o que se prefere é recusar-se a ajudar os outros — essas são as formas de aprender a disciplina do guerreiro e o controle sobre si próprio. Com essa prática, as ações corretas afloram, por assim dizer, instintivamente. Elas não são forçadas, nem inventadas, mas são ofertas genuínas de um coração amoroso. E assim nos diz Chogyam Trungpa, um sábio guerreiro:

A condição de guerreiro é uma viagem ininterrupta.
Ser um guerreiro
É aprender a ser genuíno
Em todos os momentos da vida.
Essa é a disciplina do guerreiro.[1]

Muitos guerreiros espirituais sabem algo sobre esses cinco critérios — o Caminho, a atmosfera espiritual, o domínio terrestre, o caráter e a disciplina — contudo, aquele que busca entendê-los e dominá-los terá sucesso no combate espiritual e terá a vitória, enquanto aquele que não fizer isso não prevalecerá. Portanto, faça a si mesmo estas perguntas para fins de comparação:

Que guerreiro anda com mais vigor no Caminho?
Que guerreiro tem a compreensão mais clara da atmosfera espiritual e do domínio terrestre?
Que guerreiro conquistou mais sabedoria com a vitória e a derrota?
Que guerreiro demonstra ter mais coração?
Que guerreiro dominou a disciplina e demonstra obediência aos princípios e mandamentos superiores?
Que guerreiro conclama as forças superiores para ajudá-lo?
Que guerreiro tem melhor instrução e treinamento no combate espiritual?

Usando esses critérios, é fácil ver quem ganhará e quem perderá quando confrontado pelo inimigo espiritual.

Se você prestar atenção a essas avaliações, aceitar o desafio contra os inimigos espirituais internos significará vitória certa. Se você não prestar atenção a essas avaliações, desafiar os inimigos espirituais será em vão e significará derrota certa. Você terá perdido antes de começar sua campanha.

Sabendo o que pode ser ganho com essas formas de avaliação, tire delas alguma vantagem em termos de estratégia para fortalecer sua posição. Tirar o máximo das condições favoráveis fará o prato da balança pender em seu favor. Você não pode ganhar toda batalha espiritual, mas pode ganhar mais do que perde e, no final das contas, ganhar a maior guerra em favor do seu próprio bem-estar e da sua alma.

A guerra espiritual é a arte do engano, mas o engano dos enganadores no reino espiritual. Quando sozinho, aja como se não estivesse só.

Quando se sentir poderoso, não reivindique nenhum poder. Quando se sentir sábio, alegue a ignorância. Agir como que por si mesmo enquanto conta com o Divino, conclamar as forças do reino celestial e compreender que você não sabe nada embora pareça saber muito, são formas de derrotar o inimigo espiritual. Isso não é verdadeiramente engano, mas paradoxo, e causa no inimigo espiritual muita confusão. No entanto, aja com cuidado, pois o engano é também a maior arma do inimigo espiritual. Onde há negação na sua vida? Que mentiras os seus inimigos espirituais estão contando, que fazem com que as suas tendências autodestrutivas não sejam contestadas?

Por exemplo, se você estiver cheio de raiva declarada ou de indignação, pergunte a si mesmo que direito você tem de julgar o outro. Qual é a mentira que está alimentando a raiva? Se você se vê tentado a deixar a responsabilidade dos relacionamentos para fugir para "pastos mais verdes", pergunte a si mesmo qual é a grande fantasia de felicidade que seu inimigo espiritual colocou na sua frente. Descubra a mentira e você descobre a verdade.

Se o seu inimigo espiritual busca um pouco de vantagem, atraia-o com isso. Deixe-o expor sua verdadeira natureza, pois qualquer força destrutiva, dentro ou fora, não pode ser confrontada enquanto não for vista. Imagine que está agindo conforme os seus desejos, o seu medo, a sua luxúria e a sua raiva. Imagine os efeitos dessa emoção em suas fases finais e você verá sua natureza destrutiva. Expor a verdadeira natureza das suas tendências destrutivas o ajudará a derrotá-las, pois você as vê como elas realmente são e quão devastadoras elas podem se tornar. Por exemplo, se você não está atento à natureza destruidora da sua raiva, como você pode lidar com ela? Se você não pode ver o seu egoísmo, como você pode dar com sinceridade? Se você não reconhece a luxúria que está por trás do seu amor, como você pode amar puramente? Exponha o seu inimigo! Quando ele estiver exposto, ataque-o; porém, não ataque nenhuma falha que você não esteja preparado para enfrentar.

As forças espirituais da destruição podem verdadeiramente aniquilar o guerreiro mais forte, mas o inimigo não é sábio e freqüentemente está desguarnecido. Se ele estiver enfurecido, provoque-o desbaratando suas fileiras. Isto é, quando se deparar com a preguiça, ponha-se em ação; em acessos de autopiedade, obrigue-se a fazer algo de bom para outra pessoa. Recuse-se a ceder terreno. Se o inimigo estiver descansado, enfraqueça-o aos poucos com uma nova resolução. Use a humildade para torná-lo arrogante. Conclame um poder superior para fazê-lo abandonar o campo. Ataque-o quando ele não estiver preparado; atravesse lugares aonde jamais lhe ocorreria que você fosse. Esses são os cálculos do estrategista militar para a vitória espiritual.

O guerreiro que está preparado para a batalha espiritual antes mesmo de tomar o campo terá a vitória. Aquele que está mal preparado tem a menor vantagem estratégica quando a luta espiritual começa. Aquele sem nenhuma preparação não participa da batalha, tendo já sido dominado e tornado prisioneiro. Quando você examinar isso dessa forma, o resultado será visível. Portanto, conheça os critérios, os ambientes e o Caminho, pois essa é a estrada para a vitória.

Outras Aplicações

Trilhar o Caminho

Na antiga filosofia chinesa, diz-se que o Caminho (o Tao) que tem um nome não é o Caminho (o Tao) eterno. Portanto, qualquer descrição do que o Caminho possa ser será limitada; mas acho que é importante para os ocidentais entenderem o conceito básico e, uma vez compreendido, deixá-lo crescer em significação. Essa compreensão só ajudará em nossa busca espiritual. O Caminho para mim é igual ao Infinito, a Deus e à obra de Deus neste mundo. Posso relacionar a ele termos judeu-cristãos familiares como Providência, o modo como o Divino provê a humanidade. Para mim, entrar no Caminho é permitir que o Divino conduza e tente entrar no fluxo suave da Providência, que transporta todas as coisas para o que é bom e santificado. Eu sei que não me inclino naturalmente a essa abordagem. Gosto de pensar que posso controlar o meu mundo e talvez até mesmo criar o meu próprio sentido de felicidade e bem-estar obrigando-me a arcar com as conseqüências; mas o resultado é que eu nunca estou satisfeito, e sempre estou fracassando nas minhas tentativas de controle. No seu extremo, essa situação difícil provoca em mim uma angústia constante e acessos de depressão; mas aprender a trilhar o Caminho, permitir que o plano de Deus se desenvolva do modo como Deus julgar melhor para a minha vida e aceitar o que vem com braços abertos e com confiança, me proporcionará uma paz interior incrível. As decisões ainda precisam ser tomadas, bem como as atitudes, mas aprendendo a ter confiança e aceitação no Divino, posso agir a partir de um centro e em função de uma calma que não existem quando eu tento controlar o mundo. Eu posso agir em harmonia com o Divino em vez de contra ele, e com a Providência em vez de me opor a ela.

Um modo pelo qual esse princípio veio a ser muito usado por mim é lidar com os meus filhos adolescentes. Minha esposa Cathy e eu temos quatro. Nosso primogênito, Ronnie, agora com dezenove anos, passou os últimos dois anos abrindo caminho naquela época embaraçosa que envolve querer a liberdade completa sem agir com responsabilidade completa. Pais de adolescentes sabem sobre o que eu estou falando. Nos primeiros anos da adolescência de Ron, quando ele começou a se recusar a fazer certas tarefas que ele julgava abaixo do seu novo *status* de adulto, ou voltava para casa bem depois da hora que havia prometido, ou cometia outras infrações como essas, eu simplesmente perdia as estribeiras. Quando ele era mais jovem, eu podia controlar as suas ações; mas essa rebelião meio infantil, meio adulta me deixava louco. Percebi que minhas tentativas de controlar não o ajudariam a se desenvolver num adulto maduro e independente; mas, se eu não fizesse nada, ele cresceria sem um sentido positivo da responsabilidade e, provavelmente, cometeria alguns grandes erros. Como aplicasse esse princípio de trilhar o Caminho, de permitir-lhe se desenvolver segundo a providência de Deus, pude lidar com seus acessos de rebeldia, não com raiva, mas com amor. Continuei a confiar, não só no Divino, mas no meu filho. Aprendendo a trilhar o Caminho com meu filho, eu estava aprendendo a deixar que as coisas seguissem o seu curso e dava-lhe oportunidade para crescer.

Um modo pelo qual eu pude fazer essa troca foi aplicando o princípio de que o guerreiro que está preparado antes da batalha terá a vitória sobre o que não está. Em vez de reagir espontaneamente às ações de Ron com raiva e com certo sentido de perda de controle, eu fazia algum planejamento de antemão. Antes que ele voltasse tarde para casa, por exemplo, impunha-me algumas metas pessoais — agir com amor, confiar antes de questionar, ficar tranqüilo, ficar firme. Eu considerava de antemão quais conseqüências seriam apropriadas e quais seriam despropositadas. Então, se a guerra irrompesse na chegada de Ron, eu estava pronto, espiritualmente pronto, para ajudá-lo com o seu desenvolvimento na condição de pai cuidadoso mas respeitoso. Não posso afirmar que eu tenha uma memória perfeita, mas essa prática fez uma diferença incrível na nossa relação. Fico pasmo com as vezes em que, quando reajo com calma, confiança e amor a qualquer situação adversa com meu filho, ele retribui o favor. Por meio de minha tentativa de trilhar o Caminho com ele, ele agora tenta trilhar o Caminho por si mesmo. Os adolescentes terão experiências, se revoltarão, inventarão mentiras, correrão riscos e cometerão erros. Todo mundo sabe disso. Mas um pai que faz o melhor para agir com calma e amor continuará a ser um guia amável na viagem e uma influência positiva na vida do jovem adulto.

Esse princípio não se aplica apenas aos pais; também é uma das chaves para a recuperação saudável do vício, da co-dependência ou de qualquer defeito de caráter a partir do qual se possa estar sofrendo. Eu sei disso por experiência própria, mas também trabalhei com muitos homens e mulheres que alguma vez sentiram que o mundo era seu inimigo e que a vida parecia estar em guerra com eles. Por meio do abuso de bebidas e drogas, eles tentavam escapar da batalha e, talvez, conseguir certa sensação superficial e passageira de bem-estar. Mas sabemos bem que esses meios são enganosos. Há uma frase que é ouvida entre alcoólatras: "Não há problema que um trago não torne pior." Por meio de um programa de recuperação, eles não só aprendem a viver sem um substituto artificial e temporário para certa sensação de bem-estar, mas também começam uma viagem rumo a uma vida nova, que proporciona uma sensação genuína e duradoura de felicidade, e até mesmo de serenidade. O que eles estão fazendo é aprender a trilhar o Caminho. Os conceitos familiares em muitos programas de doze etapas são todos meios de entrar nesse caminho sagrado. "A renúncia", "Deixar de lado e aceitar a Deus", "Viver apenas o dia de hoje" são todas formas de permitir que a vida se desenvolva, de fluir naquele fluxo suave do cuidado divino e de trilhar humildemente o Caminho.

Tarefas

1. Sente-se quietamente e contemple o seu ser interior. O que o motiva e enche de paixão nobre? Faça uma lista de cinco qualidades boas com que você é abençoado (por exemplo, benevolência, a capacidade para ouvir com atenção, consciência). O que essas qualidades lhe dizem sobre o seu dom especial para o mundo?
2. Uma vez que você começou a descobrir a sua missão pessoal (ela se desenvolverá e mudará), tome nota de uma lista dos obstáculos interiores que o inibem quanto a alcançar essa missão. Esses são alguns dos seus inimigos espirituais.
3. Empenhe-se em travar uma boa luta. Diga a si mesmo, ao seu Deus, ao mundo: "Hoje agirei sem expectativas; lutarei sem agressão; conclamarei um Poder Superior em minha ajuda; confrontarei as forças das trevas na minha vida e cantarei a vitória."

Sun Tzu disse:

Quando você lutar, mesmo que esteja ganhando, se continuar por muito tempo assim, isso lhe enfraquecerá as forças e lhe embotará a agudeza; se sitiar uma fortaleza, seu poder será exaurido. Se mantiver seus exércitos por muito tempo em campo aberto, suas provisões serão insuficientes. Quando suas forças estiverem enfraquecidas, sua agudeza embotada, seu poder exaurido e suas provisões tiverem acabado, então outros tirarão proveito da sua debilidade e se levantarão... Por esse motivo, ouvi falar de operações militares desastradas mas rápidas, porém nunca vi uma operação que fosse hábil e que durasse muito tempo. Nunca é bom para uma nação fazer com que uma operação militar continue por muito tempo.

CAPÍTULO 2

As Armas da Guerra Espiritual

A arte da guerra espiritual reclama armas e provisões, já que não se pode esperar que nenhum exército vença sem armas nem provisões para os soldados. De modo semelhante, nenhum guerreiro espiritual pode vencer um confronto interior sem armas espirituais e sem uma fonte de alimento interior.

Numa guerra espiritual, a verdade é a espada que leva de vencida o escudo inimigo da falsidade e do engano. A verdade é o gume afiado da realidade, trespassando o que é irreal, enganador e fraudulento. Se você buscar a verdade em favor do que é nobre e correto, você a achará. A verdade o servirá na batalha, pois o mal não tem nenhum poder, exceto na falsidade, e é facilmente derrotado pela arma mais nobre.

Carregue uma espada que lhe seja apropriada, nem muito pesada nem incômoda, tampouco frágil, que se quebre facilmente. Não use a espada de outra pessoa, porque a verdade de um guerreiro pode ser o engano de um outro. Descubra a sua própria arma e a entesoure como seu amigo e aliado. Reflita sobre as questões do espírito para fortalecer o metal da lâmina. A prática a aguçará. Portanto, do antigo guerreiro espiritual está escrito:

> Cinge a tua espada ao teu lado, ó poderosíssimo,
> Com a tua glória e a tua majestade.
> E com a tua majestade cavalga auspiciosamente
> Pela causa da verdade, da humildade e da justiça;
> E a tua destra te ensinará coisas terríveis.
>
> (Salmo 45:3,4)

Todas as religiões principais enfatizam a importância da pessoa que conhece a verdade. Nem todos concordam sobre o que ela é, mas é surpreendente o número de religiões que partilham muitas das mesmas verdades sobre como levar uma vida espiritual saudável. As leis da civilidade existem numa forma ou noutra na maioria das religiões principais, instando-nos a não viver destrutivamente. A Regra de Ouro para fazer aos outros o que gostaríamos que fizessem a nós existe de uma forma ou de outra na maioria das religiões. As verdades sobre as bênçãos da confiança no Divino, da alegria em ser útil aos outros, de caminhar com integridade, sobejam em toda filosofia e cultura religiosa. Não é escassa a verdade sobre ajudar a vida de alguém, e a verdade que podemos aprender sobre nós mesmos é inestimável.

Os ensinamentos de todas as grandes religiões e filosofias espirituais são as setas que perfurarão a armadura mais resistente das forças obscuras. Que a sua aljava esteja cheia delas. A sua verdade pode desfazer os ardis mais minuciosos do inimigo espiritual, descobrindo os medos, as dúvidas, a raiva e os desejos torpes que o inimigo espiritual impingiria a cada nobre guerreiro. Quando estes forem derrotados, serão substituídos pela serenidade interior, pela consolação, segurança e paz.

Os tipos de verdades que foram armas contra os inimigos espirituais da minha vida são muitos. Essas crenças podem não ser verdadeiras para todo guerreiro, e, como disse, o guerreiro deve escolher uma espada que lhe seja conveniente, mas eu gostaria de partilhar algumas das minhas "verdades" que me ajudaram na batalha. A verdade de que há um Deus, e de que Deus é um Deus de amor, sempre ao meu lado, aconteça o que acontecer, sempre se empenhando em me pôr no caminho certo — que consolo essa verdade tem trazido a mim! Ela aniquilou a dúvida sobre mim mesmo e a sensação opressiva de inutilidade e falta de sentido com que o inimigo espiritual gostaria de me sufocar. Saber que Deus sempre está ali para me apoiar quando tombo na batalha me dá a esperança e a coragem para enfrentar os meus demônios pessoais e a capacidade para voltar a me levantar e tentar novamente quando cair. A verdade, como diria o Buda, de que o desejo é uma sede que não pode ser saciada, me ajuda a dissipar a ilusão de que satisfazer meus desejos e apetites me trará felicidade duradoura. Eu costumava acreditar que satisfazer meus desejos torpes traria felicidade, já que eu pateticamente a procurava no abuso de drogas e álcool, no cigarro, na comida em excesso e de outras maneiras nocivas. Foram necessárias muitas derrotas humilhantes para eu aprender que satisfazer esses desejos torpes não traz felicidade duradoura. Por usar essa verdade como uma arma, comecei a escapar às garras do vício e da compulsão e a achar um novo modo de alcançar a felicidade através das coisas do espírito. A verdade que ouvi pela primeira vez de uma anciã, num encontro de doze estágios, dizia: "Há um Deus, e ele não sou eu", me ajudou a ver que minhas tentativas frívolas de controlar cada aspecto do meu mundo eram uma piada. Eu não posso fazer isso, não preciso fazê-lo, porque eu não sou Deus. Deus é quem cuidará das coisas que estão além do meu controle. O resto, eu posso esquecer. Portanto, uma outra verdade significativa, que tenho usado como espada contra muitos inimigos espirituais que me afrontam em função de problemas envolvendo angústia, confiança e controle, é a Oração da Serenidade:

> Deus, dá-me serenidade
> Para aceitar as coisas que não posso mudar;
> Coragem para mudar as coisas que posso;
> E sabedoria para perceber a diferença.

Assim como o uso da verdade como uma espada, a meditação e a oração são escudos eficazes contra os danos. Aprenda a usá-las em tempos de guerra para ter segurança e em tempos de paz para o conforto e a estabilidade. Através da meditação, a mente se acalma e se concentra.

A comunicação com as forças superiores é estabelecida. Até mesmo em meio à batalha espiritual são ouvidas as disposições internas, e elas podem ser seguidas com menos dificuldade. A meditação nos ajuda a nos tornar conscientes do que está se passando ao nosso redor e dentro de nós. Ela nos ajuda a ouvir as mensagens que estão chegando até nós, quer essas mensagens sejam do nosso próprio corpo e espírito, quer do mundo exterior, quer do Divino, falando a nós na vozinha silenciosa do mundo interior. Thich Nhat Hanh escreve:

> Meditação é estar atento
> Ao que acontece —
> No nosso corpo,
> Nos nossos sentimentos,
> Na nossa mente,
> E no mundo.[1]

A oração é não só algo a ser usado antes da batalha. Ela é uma das armas mais poderosas durante a batalha. A oração por força, por libertação dos inimigos espirituais, e por um novo rumo na confusão do combate é um meio comprovado de obter a vitória espiritual. A oração está abrindo o caminho para o Divino e para as forças espirituais do céu. A oração pode conclamar legiões da hoste celeste para lutar contra as legiões de demônios que assediam o guerreiro espiritual. Para muitos, a oração dá respostas imediatas a perguntas que causam perplexidade e a circunstâncias difíceis. Para outros, a oração traz esperança e perseverança. Para outros ainda, a oração revela certo sentido de a presença divina e o conforto que isso traz.

Para mim, a oração sempre ajudou a lançar luzes sobre qualquer situação difícil que eu depare. Pedindo ajuda a Deus, lembro-me calmamente das verdades superiores ou das realidades que levam a minha vida de volta ao centro das considerações. Se desejo algo e rezo por isso, lembro-me de buscar o reino de Deus em primeiro lugar, e todas as outras coisas vêm a seu tempo. Se estou angustiado por circunstâncias que fogem ao meu controle e me volto para Deus, lembro-me de que Deus toma conta e que todas as coisas — até as piores — podem levar ao bem, se aceitamos que Deus aja dessa forma. Se padeço emocionalmente e rezo por ajuda, é como se eu fosse içado do meu torvelinho por anjos em revoada, e, quando isso não acontece imediatamente, pelo menos eu tenho a impressão de começar a ser içado e de que a promessa de paz e cura está prestes a se realizar. A oração funciona. É algo que deve ser usado freqüentemente, com perseverança e sinceridade, mas funciona. Lorenzo Scupoli aconselha:

> Se você quer que a sua oração traga muitos frutos,
> Nunca se contente apenas com a oração dita com a boca,
> Mas reze também com a mente e o coração —
> Usando sua mente para entender
> E estando consciente de tudo o que é dito em palavras,
> E que o seu coração sinta tudo isso.
> Acima de tudo, reze com o coração.
> A oração que nasce do coração
> É como um relâmpago,
> Que dura apenas um momento para cruzar os céus
> E aparece diante do trono de Deus todo misericordioso.[2]

Depois da vitória, as orações de agradecimento ajudam a assegurar uma paz longa e estável. Ela é um escudo e uma verdadeira ajuda no combate espiritual.

O fogo é também um instrumento eficaz ao se lidar com inimigos espirituais, mas trata-se do fogo do amor e não do ódio. O fogo do amor incendeia e põe abaixo as muralhas da negação, esgota as armas da destruição e consome a intolerância e o ensimesmamento, esvaziando as estradas das forças inimigas que avançam. O grande cientista e filósofo sueco do século XVIII, Emmanuel Swedenborg, escreveu:

> O amor é fogo espiritual.[3]

Mas o amor não é só uma arma contra o inimigo espiritual. Ele também cura as feridas. Cura e dá vida aos que o recebem. Torna-se a essência e a força revigorante do verdadeiro guerreiro espiritual. Por esse motivo, o Chefe Dan George, um sábio guerreiro de antigos tempos, nos diz:

> O amor é algo que você e eu devemos ter.
> Devemos tê-lo porque o nosso espírito se alimenta dele.
> Devemos tê-lo porque, sem ele, nos tornamos fracos e impotentes.
> Sem o amor, nossa auto-estima enfraquece.
> Sem ele, nossa coragem escasseia.
> Sem amor, não podemos mais olhar com confiança para o mundo.
> Voltamo-nos para dentro de nós mesmos e começamos a nos alimentar de nossas próprias personalidades,
> E pouco a pouco nos destruímos.
> Com ele, somos criativos.
> Com ele, caminhamos incansavelmente.
> Com ele, e só com ele,
> Somos capazes de nos sacrificar pelos outros.[4]

As armas sozinhas não assegurarão a vitória espiritual, independentemente do seu número, tamanho, eficácia ou poder, mas a capacidade do guerreiro para conclamar a ajuda divina conseguirá isso. É imperativo que os exércitos do reino divino sejam chamados ao serviço para qualquer batalha e que o guerreiro conclame a ajuda divina no conflito que se aproxima. Pois é uma verdade que, embora o guerreiro espiritual aja como que sozinho, é o Divino que trava a batalha por meio das forças celestiais e é o Divino que conquista a vitória para o guerreiro. O que seria um mestre combatente toma da espada e luta com coragem e determinação total, e, no entanto, até mesmo em meio ao fragor submete o poder individual ao Divino. Por sua vez, o Divino fortalece o guerreiro e assegura o sucesso. Eis por que todo grande guerreiro espiritual sabe que sem Deus nada pode ser feito, mas com Deus todas as coisas são possíveis.

O alimento que nutre a vontade do guerreiro é a satisfação e até mesmo a bênção que acompanham o caminho espiritual. Andar pelo Caminho é andar satisfeito, aberto ao influxo da energia e direção espirituais. Uma vida que se pauta pela essência e ação corretas gera muita bondade e afeição. Estas são recompensadas pelas sensações de felicidade e júbilo. O alimento para a alma guerreira é o júbilo que a afeição traz. Este é o pão de cada dia do soldado espiritual.

Sinto esse pão de cada dia não apenas no meu casamento, na família e entre os amigos, mas também no meu trabalho de aconselhamento. Ajudar pais e filhos a se reunir — ou até mesmo a se unir pela primeira vez por meio do trabalho dos homens — testemunhando vínculos espirituais, junto com os abraços que os unem pela primeira vez, suscita alegria e alimenta o meu espírito. Ver um casal, por meio de aconselhamento e trabalho duro, recuperar a fé no casamento e começar a criar uma relação sólida e amável sobre bases de compromisso e apoio mútuo foi para mim o pão diário durante anos. Ver um adolescente recuperar um pouco da confiança nas pessoas, perdida por causa de uma ruptura na família, e começar a se sentir seguro para amar uma vez mais é um prazer que pode trazer lágrimas aos meus olhos. O alimento espiritual que recebo da ajuda aos outros é o que faz a batalha valer a pena e torna a vida um prazer.

Esse alimento espiritual é mais fácil de encontrar quando as coisas parecem estar indo bem na vida do guerreiro; porém, no calor da batalha, as coisas podem assumir um aspecto diferente. O guerreiro tem de manter a fé e procurar o que lhe dá força. Embora em meio à batalha a provisão possa parecer escassa, e a fome possa acontecer quando se está envolvido numa campanha prolongada, o guerreiro espiritual é capaz de encontrar o alimento suficiente; mas deve-se tomar cuidado para manter as linhas de abastecimento abertas à Fonte e levar o que está disponível na ocasião. Esse alimento pode não ter sabor, mas a comida no meio da guerra raramente é um banquete. Ela servirá até que o território inimigo seja tomado, quando as vias de abastecimento podem ser reabertas ao máximo e novas provisões possam ser reunidas em paz. Quer se trate de uma batalha com o medo, a raiva, o desejo ou com qualquer outra coisa, o guerreiro quererá se concentrar nos prazeres simples da vida, nos facilmente relembrados e alcançados, em vez de ansiar por algum estado de beatitude inalcançável. Se o guerreiro acha que é tudo ou nada, ele não receberá nada. Às vezes, para escapar a um excesso de medo, a pessoa só precisa se apegar a um pouco de esperança; para escapar a acessos de raiva, a pessoa precisa começar com alguns momentos de paz; para escapar à sede insaciável do desejo, a pessoa pode primeiro achar satisfação simplesmente no voto de cumprir a vontade de Deus em primeiro lugar e acima de todas as outras coisas. Depois da batalha, pode surgir o banquete da beatitude espiritual, mas nunca durante ela. Procure as alegrias simples que o conduzam durante os tempos difíceis.

Os guerreiros espirituais se enfraquecem pelo seu próprio esforço quando caminham muito longe da Fonte. Quanto maior a distância entre os guerreiros espirituais e a sua Fonte, mais eles se acham desprovidos de alimento. Toda a força é gasta no campo de batalha, enquanto, interiormente, esperanças e aspirações diminuem e morrem. Por isso, o mestre guerreiro nunca perambula longe da Fonte, mesmo na batalha mais renhida, quando aflora a fumaça do caos. Isso significa que o guerreiro não se esquece de Deus no meio da batalha, não perde a consciência do porquê de a batalha particular estar sendo travada, e não começa a apostar na ilusão de que o guerreiro pode fazer isso sem ajuda divina. Seguir esses caminhos é separar-se da Fonte, e a derrota torna-se uma certeza.

Se você continua durante um tempo prolongado na batalha, mesmo se você estiver ganhando, isso lhe entorpecerá as forças internas e lhe embotará a agudeza. Ao praticar a batalha espiritual, busque a vitória rápida. Isso foi praticado em muitos tipos de competição, especialmente nos negócios. Qualquer negócio bem-sucedido tem de saber quando apresenta um serviço ou produto de valor que deve ser apoiado inteiramente. De nada vale negociar com pouco entusiasmo. É perda de tempo negociar um produto que exerce pouco apelo até que as reservas se esgotem. No mundo dos negócios, o guerreiro deposita força onde ela é necessária e busca depressa fazer o negócio. Quando o mercado é fraco, o guerreiro de valor no mundo dos negócios sabe o momento de sair e não desperdiçar recursos. O mesmo se dá com as coisas do espírito. Sitiar um inimigo interior só fará exaurir as suas forças. Você não pode esperar do lado de fora por um inimigo espiritual que se fechou entre muros na sua própria mente. O inimigo rirá de você no seu canto protegido, sabendo que já detém uma porção da sua alma. Você precisa desferir golpes rápidos e definitivos, com todas as armas de que dispõe. Se continuar por muito tempo na batalha, suas reservas interiores não serão suficientes. Quando suas forças escassearem, sua agudeza se embotar, seu vigor e recursos exaurirem-se, os inimigos espirituais irromperão de toda parte para tirar vantagem de suas fraquezas. Até mesmo com o conselho mais sensato, você não será capaz de reverter as conseqüências disso em seu proveito. É aconselhável, portanto, buscar a vitória rápida. Se ela continuar a lhe escapar, retire-se para um novo terreno e assuma uma nova posição num plano superior.

Lidar sem entusiasmo com o comportamento compulsivo da pessoa não possibilitará ao guerreiro a vitória sobre esse comportamento. A compulsão permanecerá até que uma batalha completa seja travada para destruí-la. Sofrer de depressão e emergir de seus abismos só de vez em quando para se queixar sobre como se sente mal, mas não tomar atitudes para enfrentar esse inimigo devastador lançando mão de diversos recursos — tais como aconselhamento, repouso, recreação, exercícios, serviços úteis — é deixar o inimigo intato e as trevas incólumes. Assim como acontece na guerra entre países, todos os recursos devem ser mobilizados para derrotar o inimigo. Se se dá uma batalha em que não há entusiasmo, essa batalha pode ser cruciante e travada durante anos. Ataque o inimigo, não importa quem ele seja, rápida e firmemente, com tudo aquilo de que dispõe, e, se isso não ajudar, continue a avançar por algum tempo rumo a algo mais.

Se não puder lograr o sucesso, tente dar-lhe um descanso e volte mais tarde. Às vezes, isso não é possível, já que o inimigo com que o guerreiro está lutando pode causar dano imediato a si mesmo e aos outros; mas às vezes é possível bater em retirada, reorganizar-se e tentar novamente. Na realidade, essa estratégia às vezes pode ser apenas o que é necessário para corrigir algum comportamento em desequilíbrio crônico, ou subjugar um inimigo espiritual contumaz. Se você se envolver num ataque total contra a preguiça, mas não fizer progresso, passe a alguma outra coisa por enquanto. Quando voltar ao ataque, poderá achar mais fácil superar dificuldades. Se não puder vencer o medo, pare de tentar e "ataque" qualquer outra coisa. Às vezes, abster-se da obsessão por um medo particular diminui esse medo a longo prazo. Não se deixe prender numa batalha demorada. Se puder, siga em frente.

Assim, na guerra, houve operações militares que foram confusas mas rápidas, e houve momentos para se prolongar astutamente as hostilidades, como na guerrilha moderna; porém, isso nunca se dá com a guerra espiritual. Prolongar de modo cansativo as hostilidades é dar poder aos nossos demônios pessoais, é deixar nosso desequilíbrio deitar raízes mais fundas em nosso ser. Continuar a lidar sem entusiasmo com nossos inimigos espirituais é um sinal de que nós não pensamos seriamente em derrotá-los e de que não conseguiremos ganhar terreno. Na guerra espiritual, busque a vitória rápida, não o envolvimento prolongado. Assim, os combatentes que são verdadeiros mestres também são os árbitros de sua vida e os senhores da segurança de seu próprio ser.

Outras Aplicações

A Verdade como Arma

Tive de aprender a usar a verdade como arma contra meus adversários espirituais. Ser capaz de aceitar a verdade sobre minhas limitações foi e continua a ser um meio inacreditável de crescimento para mim. Um dos meus inimigos espirituais é o medo. O medo da morte ou da tragédia tem sido um poderoso adversário para o meu bem-estar. Minha mãe, tendo perdido um filho numa doença súbita, inconscientemente criou-me num ambiente de medo de que a mesma coisa pudesse acontecer comigo. O medo era tão forte, que toda vez que eu ficava resfriado quando pequeno eu pensava que provavelmente iria morrer. Depois que cresci, me casei e constituí uma família, transferi esse medo para a criação dos meus filhos. Quando meu primeiro filho ficou doente, entrei em pânico. Eu pegava o termômetro e gritava para minha mulher Cathy: "Oh, não! Ele vai morrer." A reação da minha mulher parecia estranha a mim. Ela me informava tranqüilamente: "Ele está bem! Está com 38 de temperatura. É só um resfriado." Foram necessários alguns anos, e a constatação da rápida recuperação de meus filhos, para que eu compreendesse que eu é que sofria um desequilíbrio; mas foi a verdade que me libertou. Na realidade, havia muitas verdades de mistura a esse medo: a verdade de que eu herdara esse medo de minha mãe e de que eu não precisava carregá-lo comigo; a verdade de que eu tinha de aprender a confiar em Deus, independentemente dos resultados; a verdade de que eu tinha de me desapegar; a verdade de que eu tinha de parar de incutir esse medo nos meus filhos. Todas essas verdades me ajudaram a lutar contra o medo.

O meu filho mais novo, Steve, por outro lado, nasceu sem medo. Ele não tem nenhum senso do perigo e é capaz de pular do telhado da nossa casa se as outras crianças lhe pedirem isso. Naturalmente, essa característica me causava um pouco de medo. Em certo verão, a família foi para um acampamento religioso fora de Pittsburgh. Uma das coisas irritantes desse acampamento é que, enquanto os pais participam de uma palestra, os filhos ficam correndo do lado de fora e tentando, é claro, ser mortos! Eu estava preocupado com Steve quando a palestra começou, mas o assunto me intrigou. Versava sobre o que herdamos inconscientemente de nossos pais. Ao término da palestra, a mulher nos orientou numa visualização dirigida envolvendo a idéia de sermos criança de novo, no colo de nossa mãe, e nos pediu que pensássemos sobre o que nossa mãe nos estava dizendo. Isso era fácil para mim. Ela estava dizendo: "É perigoso; o mundo é perigoso. Qualquer coisa pode acontecer a qualquer momento." Então a mulher nos pediu que nos imaginássemos nos braços de uma mãe-anjo. Ora, o que ela estava dizendo? Novamente, era óbvio para mim: "Você está seguro."

O resultado do exercício para mim foi a compreensão, não apenas da origem do meu medo irracional da morte, mas também do modo como eu incutira o mesmo medo nos meus filhos. Sei que às vezes a tragédia acontece e os filhos de fato morrem, mas viver com medo dessa possibilidade é viver na prisão pavorosa desse inimigo espiritual. Eu pensava comigo mesmo: "De algum modo, tenho que começar a mudar esses medos, não apenas em mim mesmo, mas nos meus filhos. Como terei condições de começar isso com eles? De que modo assegurá-los de que este mundo não tem perigos? Quantas vezes o assunto virá à luz? Deus, me ajude a me lembrar disso! Tenho de mudar isso em meus filhos!"

Não se haviam passado duas horas quando meu filho Steve perguntou se poderíamos dar um passeio no bosque. Enquanto andávamos de mãos dadas por uma aléia na floresta, eu pensava em como poderia introduzir o assunto, mas não parecia fácil. Então, de súbito, ele me parou no caminho, olhou para mim com olhos cintilantes e alertas, e perguntou se podia me dizer algo. E ele disse: "Sabe de uma coisa, pai? Eu ainda não morri." Atônito e cheio de satisfação, olhei dentro dos olhos dele e disse: "Sabe de uma coisa, filho, é difícil morrer." Então, ergui a cabeça para o céu e murmurei: "Obrigado."

Tarefas

1. Num estado de contemplação pacífica, pergunte a si mesmo: "O que eu considero verdadeiro sobre minha vida?" (Por exemplo, eu sei que quando estou amando sou mais feliz, que, quando trabalho muito, perco o contato com a minha espiritualidade, e que a minha tendência ao excesso pode me levar a ter problemas.) Tome nota do que você observa. Determine como esse conhecimento pode ajudá-lo na sua batalha espiritual.
2. Comece o dia com um instante tranqüilo de oração e meditação. Em suas orações, peça apenas a sabedoria necessária para esse dia, e ao meditar, atente para as respostas. Observe como esse momento de paz exerce impacto sobre o seu dia.
3. Procure um texto antigo de sabedoria, como a Bíblia, o Alcorão, o Tao Te Ching, ou algum outro livro sagrado. Leia apenas uma pequena parte cada noite antes de se recolher. Leia-a com a vontade de aprender algo para a vida. Observe o que o texto lhe ensina.

Sun Tzu disse:

A regra geral para uso das tropas é que
é melhor manter uma nação intacta do que destruí-la,
é melhor manter um exército intacto do que destruí-lo,
é melhor manter uma divisão intacta do que destruí-la,
é melhor manter um batalhão intacto do que destruí-lo,
é melhor manter uma unidade intacta do que destruí-la.
Então, os que vencem cada batalha não
são realmente hábeis — os que tornam o exército alheio
indefeso sem lutar são os melhores combatentes [...]

CAPÍTULO 3

Estratégia de Combate

Sun Tzu diz que a regra geral de estratégia militar é que é melhor manter um exército intacto do que destruí-lo. Vencer cem vitórias em cem batalhas não é a suprema excelência; a suprema excelência é submeter o inimigo sem lutar.

O mesmo é possível na guerra espiritual — submeter as forças do inimigo sem partir para a luta, apanhar o inimigo sem um ataque e esmagar a pompa do inimigo sem uma campanha prolongada. Algumas tendências destrutivas podem, em certas circunstâncias, ser superadas sem luta. Porém, esse resultado requer submissão total à vontade divina e entrega ao Caminho. Ao ter acesso ao inimigo e ao manobrar até uma posição de superioridade clara, o inimigo pode perder a coragem e se retirar sem lutar. O guerreiro mestre é capaz de entregar sua obstinação ao Divino de tal modo que o inimigo reconhece a futilidade do confronto e então se retira. Para chegar a esse resultado, o guerreiro espiritual deve se concentrar nos seguintes preceitos:

Submeter-se *incondicionalmente* à vontade divina.
Estar disposto a seguir novos comandos que possam dar a impressão de ir contra o instinto natural.
Assumir posições no território comum que são virtualmente inexpugnáveis para o inimigo.

Permitir que novas forças estranhas tomem o campo e comandem a batalha iminente.

Ao se submeter à vontade divina, o guerreiro mestre recebe nova força e orientação. Através do desafio de antigos hábitos e instintos naturais, o guerreiro mestre aprende novos modos de vida, conquista o plano superior e busca ajuda das forças celestiais que se unem à batalha contra os inimigos espirituais. Isso equivale a vencer por meio do Caminho (do Tao), e geralmente se dá por virtude dos grandes mestres da guerra espiritual. A maioria dos guerreiros espirituais tem uma obstinação muito grande para que renuncie ao comando, e não dispõe de confiança suficiente para contar com o Divino. Além disso, o medo do desconhecido pode fazer com que um guerreiro novato se envolva numa batalha particular sozinho, em vez de contar com aliados estranhos, independentemente da disposição favorável, da força e origem espiritual deles.

Eu vi com os meus próprios olhos essa rendição incondicional ao Divino — e, assim, a vitória total, sem uma batalha prolongada — nos que desistiram do vício em favor de um programa em doze estágios. Para muitos, a mudança de vida é dramática. Ao desistir do abuso de substâncias, seu caminho de renúncia é completo e total. Eles vêm a saber que não há nenhum acordo quando se escapa ao vício, nenhum incitamento das linhas inimigas, nem aqui nem acolá, a fim de detectar pontos fracos enquanto se continua a beber ou a abusar de drogas. Para se obter a integridade e a sobriedade, deve haver uma mudança imediata no estilo de vida, com a total entrega da vida aos cuidados de Deus. Muitos que se bateram em vão para deixar isso por si mesmos descobriram que, quando finalmente foram capazes de se submeter completamente à vontade divina e de deixar que um poder superior os guiasse, sua batalha cessou no mesmo instante. O que parecia tão dolorosamente impossível tornou-se uma realidade. Eles se livraram da droga e, para alguns, foi como se, nos termos tradicionais cristãos, houvessem sido "salvos" de seu vício. Essa vitória sobre um velho e poderoso inimigo comum dá-se quando se assumem posições impenetráveis no território.

Ou seja, eles não perdem tempo nos bares, nem se associam com amigos que os podem levar a beber de novo. Eles formam alianças em grupos de apoio e se tornam amigos dos que os ajudarão a sair vitoriosos. Esse tipo de vitória, que é instantânea, sem derramamento de sangue e duradoura, realmente pode acontecer com os que encaram com seriedade o desenvolvimento espiritual. Além disso, a vitória não só ocorre com os que pegam em armas contra o vício, mas pode ocorrer contra qualquer inimigo espiritual, se se é sério, comprometido e pronto a contar com o poder do Divino e o apoio dos outros.

Depois de vencer muitas batalhas renhidas e fortalecer suas forças espirituais com essas vitórias, o guerreiro veterano se tornará mais inclinado a essa estratégia e achará cada vez mais possível vencer sem um confronto. Esta, pois, é a meta: o verdadeiro campeão da guerra espiritual vence a batalha sem travar combate.

> Quando deixamos de lado os desejos,
> Quando deixamos tudo o que penetrou a mente...
> E estamos contentes no ser e por meio do ser,
> Quando somos assim, dizemos que a pessoa tem sabedoria
> constante.
>
> Aquele cuja mente se agita mas não nas tristezas,
> Aquele que em alegrias anseia mas não por alegrias,
> Aquele cuja paixão, ira e cólera se foram,
> Essa pessoa, de pensamento constante, chama-se sábio.
>
> (Bhagavad-Gita 2:55-56)

Aquele que jornadeia até a paz duradoura sofre muitas batalhas ao longo do caminho. Por meio da vitória na tentação e na luta interior, a paz espiritual é alcançada. Quando a batalha deve acontecer, nisto consiste a arte de usar seus recursos:

Quando você perceber que é muito mais forte do que seu inimigo espiritual interior, cerque-o e ataque-o; quando você e o inimigo forem equivalentes em número, faça com que as forças dele se dividam; quando você for inferior em poder, tome a defensiva; e quando você não é páreo para o inimigo, evite-o. Você vigia o inimigo espiritual dispondo os seus recursos inteiramente para vencer o desafio que tem à frente. Atacar é avançar em forte oposição, usando ao máximo os recursos. Por exemplo, você sabe que tem um mau hábito que deve superar. Talvez esse hábito seja simplesmente interromper a conversa das pessoas, ou usar ocasionalmente de linguagem imprópria, ou talvez fazer fofoca sobre os outros. Mesmo sabendo que esse inimigo espiritual é pequeno e aparentemente insignificante, é importante sitiá-lo e atacá-lo com força total. Medidas tímidas fracassarão, mesmo que se trate dos defeitos mais insignificantes. Trate-as a sério e dispense-lhes toda atenção e esforço. Prometa a si mesmo que continuará combatendo esse mau hábito até que ele passe. Escreva para si mesmo uma nota e coloque-a no criado-mudo, ou no bolso da camisa, para se lembrar de que você leva a sério essa batalha. Reze para que Deus o tire de você, mesmo que esse hábito pareça insignificante. Peça a ajuda das pessoas em que você confia quanto a chamar-lhe a atenção quando do seu mau comportamento. Esses são alguns ingredientes para um ataque total. Envolver o inimigo espiritual é bisbilhotar suas linhas de frente em busca de pontos fracos na formação de suas tropas. Evitar um inimigo superior é fugir de sua presença e escapar da derrota certa.

Fugir do inimigo não significa sucumbir às tendências destrutivas nem desistir dos esforços quanto a subjugar desejos e vontades fundamentais. Pelo contrário, significa que, se certas circunstâncias de modo desnecessário lançarem o guerreiro numa batalha que não pode ser ganha, então o guerreiro deve fugir. Não é marca de um guerreiro inteligente permanecer nessas circunstâncias, lutando apenas para perder repetidas vezes.

Por exemplo, deve-se evitar as circunstâncias que levem a acessos de raiva ou cólera. Um pai que continuamente perde a batalha contra a raiva quando o filho de quatro anos se enfurece, precisa receber ajuda, ou por parte do cônjuge ou de outros. A situação é muito perigosa para que se aja sozinho, especialmente se a raiva da pessoa se transformou em violência. O homem que sofre de alcoolismo deve evitar o ambiente dos bares, independentemente do número de amigos que perderá pelo fato de não os acompanhar. Os riscos são muito grandes. Para dar mais um exemplo, se lhe ocorrer de deparar com um ambiente que o faz perder a batalha contra a luxúria, mude de ambiente. Para um homem ou uma mulher que esteja tentando fugir do vício do sexo ou dos relacionamentos, tomar um café com membros disponíveis do sexo oposto está fora de questão. Alguns níveis mais profundos de relacionamento íntimo estão fora dos limites, especialmente se esses constituírem vias para cultivar o vício. Por fim, se a pessoa acha que certas situações inevitavelmente ativam sentimentos de autopiedade e depressão, evite essas situações. Talvez sentar-se à frente do computador durante algumas horas à noite, isolado dos outros, seja a armadilha. Ou talvez ficar deitado na cama muito tempo de manhã e tomar nota de todos os desafios que devem ser enfrentados nesse dia possa trazer à baila momentaneamente fardos que não precisam ser carregados.

Fuja de todos esses ambientes. Eles ajudam a piorar nossos problemas, ou podem até causá-los. Não se detenha em circunstâncias em que você regular e continuamente perde a batalha contra o inimigo espiritual. Retire-se! Essa abordagem não é uma fórmula complicada, mas é sempre desprezada pelo guerreiro comum, que continua a lutar e a perder em circunstâncias que poderiam ser de todo evitadas. O guerreiro mestre reconhece quando a batalha não precisa ser travada, e evita as que mais provavelmente terminarão em derrota.

A capacidade de tomar decisões do guerreiro espiritual é a guardiã da alma. Quando essa guardiã está no seu lugar, a alma decerto está segura; quando a guardiã falta, a alma decerto está em perigo. O guerreiro mestre toma decisões militares baseadas na sabedoria racional, no amor pelos outros e na humildade. As perguntas que devemos fazer a nós mesmos são: que bem ou que mal essa decisão trará? Ela é necessária? Para quem e com que propósito essa decisão é tomada? Por exemplo, os empresários que agem a partir de princípios espirituais não baseiam suas decisões apenas no lucro, mas levam em conta as necessidades e o bem-estar dos empregados também. Os executivos com orientação espiritual se preocupam com o impacto do que fazem, criam ou estipulam em relação não apenas da linha de base, mas também do bem-estar do cliente, do ambiente, e do benefício a longo prazo para a sociedade. Alguém que tome decisões baseadas no lucro apenas, pode conquistar o mundo todo, como disse Jesus, mas perder a própria alma. Na guerra espiritual, a decisão de tomar certo caminho, de lutar ou não, não versa sobre o ganho e a glória pessoais, mas é pelo bem de algo melhor, e está em obediência e adesão à vontade e aos mandamentos divinos. Como escreve Carlos Castañeda:

> Um guerreiro deve sempre ter em mente
> Que um caminho é apenas um caminho [...]
> Sua decisão de continuar nesse caminho
> Ou de deixá-lo
> Deve estar livre do medo e da ambição.
> Ele deve olhar cada caminho atenta e deliberadamente.
> Há uma pergunta que um guerreiro tem de fazer:
> Este caminho tem um coração?[1]

Há três formas pelas quais o processo defeituoso que envolve a tomada de decisões pode acarretar sofrimento ao guerreiro espiritual:

> Decidir avançar contra um inimigo espiritual, não compreendendo que não se está com disposição para fazer isso, ou começar uma retirada, sem compreender que não se pode recuar — isso é derrotar o próprio eu.
>
> Travar batalha sem um forte vínculo com a Fonte e a ajuda dos aliados espirituais.
>
> Lutar por razões outras que não as nobres, tais como a autopromoção, a honra, a glória ou o lucro. Nesse caso, um novo inimigo se junta secretamente às suas tropas, só para atacá-lo no fragor da batalha. Isso se chama semear o caos nas próprias tropas e entregar a vitória.

Avançar prematuramente contra um inimigo espiritual é confrontar alguma tendência destrutiva na vida da pessoa quando ela não está preparada emocionalmente para agir assim. Por exemplo, alguém que sofra com um relacionamento não saudável, que necessita desfazer-se, mas que não se preparou para o sentido da perda que deparará, está entrando prematuramente numa batalha. É mais provável que a pessoa não volte melhor — ou até que volte pior — ao relacionamento prejudicial, porém à mercê do outro partido e se sentindo totalmente derrotada. Por outro lado, envolver-se num relacionamento sério de amor imediatamente após a ruptura de um relacionamento de longo prazo é também uma derrota, pois a cura ainda não aconteceu, as lições não foram aprendidas e um grau saudável de independência não foi alcançado.

Entrar numa batalha sem um forte vínculo com a Fonte é algo que ameaça a integridade da pessoa. Freqüentemente, quando as pessoas sofrem de depressão, especialmente os homens, eles relutam em partilhar com os outros a angústia que estão sentindo. Eles não querem ser julgados nem vistos como inadequados, e enfrentam sozinhos suas dificuldades. Suas chances de derrotar esse inimigo sozinhos são escassas. Eles precisam estender a mão pedindo ajuda. O guerreiro comum só apela a Deus ou a outras pessoas quando as circunstâncias não parecem indicar outro caminho. Porém, o guerreiro mestre apela a Deus em cada batalha e conta com os aliados sempre que estão presentes.

Lutar contra demônios pessoais por motivos ignóbeis — tais como mudar o comportamento em função do lucro pessoal ou enganar os outros — não só é a marca de um guerreiro tolo, mas de um charlatão e uma fraude espiritual, pois não se trata de fato de uma luta mas de um ocultamento de intenções. Além disso, lutar contra os demônios pessoais em busca da paz de espírito não é um embuste, mas tampouco é a suprema excelência, pois ainda se age em função de motivos egoístas e se entrega a vitória a um inimigo mais forte — o próprio egoísmo. Por outro lado, a pessoa que luta com o que é destrutivo e danoso em si mesmo, pelo bem de si mesmo e dos outros, age a partir de uma motivação espiritual. Aquele que luta pelo bem do Divino pode ser chamado de santo. Castañeda observa:

O homem comum só age
Quando há a chance de lucro.
Os guerreiros agem, não pelo lucro,
Mas pelo espírito.[2]

Levando em conta tudo o que se disse, afloram cinco fatores na determinação do tipo de guerreiro espiritual que ganhará a batalha contra o inimigo interior:

O guerreiro que sabe quando lutar e quando não lutar terá a vitória.
O guerreiro que entende como lidar com a força superior e a inferioridade na distribuição das tropas e dos recursos terá a vitória.
O guerreiro cujo propósito é satisfazer a vontade divina terá a vitória.
O guerreiro que segue uma estratégia elaborada com minúcia enquanto está às voltas com o combate espiritual terá a vitória.
O guerreiro com forte capacidade para tomar decisões na arte da guerra espiritual terá a vitória.

Esses cinco fatores são o modo de antecipar a vitória. Como Sun Tzu diz:

Se você conhece o inimigo e a si mesmo,
Jamais correrá riscos em cem batalhas;
Se não conhece o inimigo mas conhece a si mesmo
Às vezes vencerá, às vezes perderá;
Se não conhece nem o inimigo nem a si mesmo
Correrá riscos a cada batalha.

Portanto, procure conhecer a si mesmo. Descubra os inimigos espirituais que o mantêm cativo e o surpreendem a cada vez, atacando sua paz de espírito e bem-estar, trazendo-lhe dor e semeando dissensão nas tropas de seus pensamentos e meditações. Estude esses inimigos, examine-os bem. E quando os estudar de perto, reconheça como você mesmo, o seu eu consciente, reage a esses impulsos, à opressão, aos ataques, às sutis discrepâncias quanto ao que você sabe que é bom e útil. Estude a si mesmo. Conheça-se bem. Se você souber dessas coisas e contar com a Fonte para guiá-lo, não poderá perder.

Outras Aplicações

Como Vencer o Inimigo Sem Lutar

Sun Tzu disse: vencer cem vitórias em cem batalhas não é a suprema excelência; a suprema excelência é vencer o inimigo sem lutar. Esse conselho não evita apenas o derramamento de sangue nos confrontos militares, mas também, quando usado como um princípio espiritual, pode salvar uma pessoa de igual dor e sofrimento no conflito espiritual. O princípio é claro: Se você puder evitar uma situação em que percebe que será lançado a um conflito espiritual, então faça isso lançando mão de qualquer recurso. Você não tem de travar cada batalha. Falei a alcoólatras em recuperação que várias vezes passaram os primeiros dias de recuperação tentando sobreviver, passando o tempo com o mesmo pessoal do bar e permanecendo sóbrios ao mesmo tempo. Eles se lançaram a uma batalha interior desnecessária entre seu novo eu e seu antigo eu viciado. A maioria deles aprendeu muito rapidamente que essa era uma batalha desnecessária para preservar sua tão estimada e recente recuperação. Não valia a pena travar cem batalhas para continuar sóbrios, já que podiam evitar essa luta mudando totalmente seus hábitos sociais. Dessa forma, poderiam vencer sem lutar.

Uma pergunta que qualquer um a caminho do crescimento espiritual pode fazer é: "Que batalhas estou travando e que não preciso travar para vencer?" Certa mãe falou sobre seu dilema quanto a tentar acordar o filho adolescente para a escola. Ambos sofriam de sérias crises de mau humor pela manhã, e terminavam brigando durante o café da manhã e passando em silêncio o resto do dia. Ela queria saber o que podia fazer com a raiva nessa situação e como poderia impedir que essa raiva afetasse tão profundamente o relacionamento deles. Ela estava cansada da luta para acordá-lo e do conflito constante com sua própria raiva. Em vez de ajudá-la a atacar esse desafio particular quanto à raiva, fiz-lhe a seguinte pergunta: Era realmente necessário travar essa batalha? Por que não fazer que o marido acordasse o menino, evitando toda a confusão? Fazer isso significava que o menino tinha de levantar quinze minutos antes; porém, quando isso aconteceu, ele respondeu à voz do pai à porta num tom mais apropriado e solícito do que fazia com a mãe, e esse problema particular foi resolvido bem depressa. Com essa batalha vencida sem nenhuma luta, ela pôde então se concentrar em outros aspectos de sua vida em que queria melhorar. Seu nível de energia subiu vertiginosamente, e seu relacionamento com o filho melhorou muito, sem nenhuma batalha.

Usei esse princípio no trabalho. Três anos atrás, mudei-me para um escritório agradável que era muito silencioso e recuado. As manhãs eram ótimas, pois o meu assistente e alguns outros funcionários animavam os corredores do outro lado da minha porta, e eu atacava vigorosamente as tarefas à minha frente. Porém, à tarde, quando a ajuda se ia, os corredores ficavam vazios e em silêncio. Eu raramente via ou ouvia alguém. Para alguns, isso poderia ser o paraíso. Para mim, tornava-se um desafio. Eu achava que, depois das três horas, minha energia estava diminuindo. Sem ter ninguém para estímulo mental ou social, nem por quem me responsabilizar, eu me pegava lutando para fazer algo. Sentava-me na frente do computador de olhos fixos, perguntando-me como me motivar com toda aquela privacidade. Esforçava-me por realizar algo e me sentia muito culpado por isso. Então, ocorreu-me a idéia de que eu estava travando uma batalha desnecessária. Em vez de agüentar firme até o fim da tarde, comecei a mudar as minhas reuniões matutinas para esse horário e perguntei se alguém dentre os funcionários queria trabalhar à tarde em vez de de manhã. Aconteceu que isso funcionou melhor para um funcionário, e, embora nem toda tarde houvesse pessoas e reuniões, tem sido muito mais alegre, e acho que tenho energia de novo. Por conseguinte, encontrei ainda mais energia nos poucos dias em que os corredores ainda estão vazios, porque isso trouxe certo equilíbrio à minha vida a esse respeito. Em vez de travar essa batalha chata, achei um modo de vencer sem lutar.

Tarefas

1. Pratique a não-reação. Ao se deparar com uma situação em que você poderia reagir instintivamente com pensamentos ou ações destrutivas (por exemplo, alguém insultá-lo), dê um passo para trás e simplesmente observe. Note quais pensamentos e sentimentos lhe passam pela consciência. Observe que você não tem de reagir destrutivamente. Em liberdade, escolha uma reação construtiva.
2. Quando em crises de frustração e sentindo vontade de controlar o incontrolável, reze e medite sobre estas palavras: "Deus, não se faça a minha, mas a Tua vontade."
3. Peça ajuda aos aliados espirituais. Convoque o Divino em tempos de batalha, para ter ajuda. Pois há muito está escrito: "Ele enviará seus anjos para cuidar de ti, para guardar-te de todas as formas" (Salmo 91:11).

Sun Tzu disse:

Nos tempos antigos, guerreiros habilidosos primeiro se tornavam invencíveis e só então procuravam a vulnerabilidade nos seus oponentes [...] A invencibilidade é questão de defesa; a vulnerabilidade é questão de ataque. A defesa é própria para tempos de carência; o ataque, para tempos de fartura. Os versados na defesa se escondem nas profundezas da terra, ao passo que os versados no ataque manobram nas alturas. Portanto, podem preservar-se e lograr vitória total.

CAPÍTULO 4

Disposições Estratégicas

Antigamente, grandes guerreiros praticavam a arte de se tornar invencíveis, e então esperavam que os inimigos expusessem sua vulnerabilidade. Uma pessoa pode tornar-se invencível, mas não pode garantir a vulnerabilidade de um inimigo espiritual. Eis por que é da maior importância que o guerreiro espiritual se concentre no eu, se torne forte nos aspectos em que é fraco, busque a saúde quando há doença espiritual e construa sobre alicerces morais e espirituais que já existem dentro dele. Dessa forma, a vitória pode ser antecipada, embora não possa ser forçada.

Tornar-se invencível é questão de aprender a se defender da investida dos inimigos espirituais, sendo capaz de repelir os impulsos destrutivos, de discriminar a verdade das mentiras e de precaver-se da influência de forças obscuras. Se a pessoa assumir uma postura defensiva, isso acontece porque a força do inimigo espiritual é avassaladora; se a pessoa se lança em ataque, isso acontece porque a força do inimigo espiritual é deficiente.

O perito em defesa espiritual continua plantado firmemente nos recessos mais fundos da terra, tornando-se uma coisa só com o chão, virtualmente invisível e não passível de ser movido, mas alerta. O guerreiro estabelece firmemente uma posição de força interior que age como uma proteção contra o ataque de inimigos espirituais. Essa tática é realizada pelo aprendizado da arte da consciência e do controle. O guerreiro mestre estuda o terreno interior de si mesmo por meio da prática da autoconsciência constante. O perito em defesa avança com consciência por esse terreno, observando com distanciamento e precisão. Até mesmo quando preocupado com assuntos comuns, o olho interior permanece concentrado agudamente no horizonte espiritual, pronto para um inimigo que se aproxima.

Esse é o caminho que leva a um despertar do espírito a partir do entorpecimento do sono espiritual. Sem se associar mais ao ego pessoal, o guerreiro mestre dá um passo para o lado e observa. Como uma criança que explore o céu ao meio-dia, o mestre em defesa aprende a observar interiormente os pensamentos e emoções que passam como nuvens no céu. O guerreiro mestre não tenta apropriar-se deles, professando: "Reconheço a autoridade deste ou daquele"; o guerreiro mestre não aponta para um e exclama: "Este sou eu." O perito em defesa espiritual não apreende os pensamentos da mente e as emoções da vontade como o seu próprio eu, mas apenas observa. Dessa forma, o inimigo não pode se aproximar, pois não há nenhuma salvaguarda para o seu avanço, nenhum alvo claro para o ataque. No *Tao Te Ching*, Lao Tzu aconselha:

> Esvazie a mente de todos os pensamentos.
> Que o seu coração esteja em paz.
> Observe o turbilhão dos seres,
> Mas contemple o seu retorno [...]
> Se você não compreender a fonte,
> Tropeçará na confusão e no pesar.[1]

Os peritos na defesa espiritual tomam pé por meio do controle das emoções, dos pensamentos e ações. Não esperam que o inimigo avance contra eles para *então* planejar sua defesa. Por meio da autodisciplina e da meditação, a reação ao ataque é instantânea, avançando enquanto o inimigo levanta a arma. Os peritos avançam porque se antecipam. Antecipam-se porque vêem. Vêem porque estão alertas. Estão alertas porque tomaram uma posição fora do eu que está adormecido.

Não há nenhuma desculpa para que uma pessoa se torne vítima dos seus próprios sentimentos negativos, mesmo que estes sejam despertados por outros. Os guerreiros que conseguem um controle sobre sua vida reconhecem os pensamentos e sentimentos destrutivos que os atacam — a raiva e o ressentimento, a autopiedade, o medo e a angústia — e separam seu eu consciente desses impulsos negativos. Em vez de reagir a circunstâncias externas por emoções impulsivas, o guerreiro mestre age pela força interior. Esta é a essência da meditação: tornar-se consciente dos pensamentos e sentimentos à medida que eles fluem na consciência de alguém, sem se identificar com nenhum deles, mas deixando que flutuem para longe. Não se pode fazer isso com todo pensamento e sentimento, porque a meta não é ficar destituído de pensamentos e sentimentos. Mas o guerreiro mestre, por meio da prática na não-identificação com pensamentos e sentimentos, ganha o controle sobre eles.

Para praticar a arte da defesa, encontre um momento e um local para a meditação. Plante-se firmemente na terra e deixe a paz da terra subir pelo seu corpo e acalmá-lo. Sinta a força da Mãe Terra e o centro dela. Conclame essa força ao seu coração e ao seu ser. Erga as mãos para o céu, dê saudações ao Sol e invoque a luz do firmamento. Imagine que ela lhe entra pelo corpo, tornando-se uma coisa só com o sentimento de paz que você recebeu da terra. Nesse estado tranqüilo, imagine um lugar seguro e sagrado, talvez um lugar que você tenha visitado quando criança, um lugar em que você buscaria conforto. Se não puder pensar em um, crie um. Como é o ambiente à volta? Que cores você vê lá? Qual é o seu cheiro? Há ali animais especiais? Um bicho favorito? Pássaros? De que tipo? Convide essas coisas que você ama e nas quais confia para esse espaço, pessoas a quem você pode imaginar dando-lhe apoio em tempos difíceis. Conclame a Deus, do modo como você entende Deus, a esse lugar. Sinta-se envolvido pelo amor, pela paz e pela segurança. Medite freqüentemente sobre esse espaço e deixe que ele se torne tão real quanto possível.

Quando se vir sob o ataque de pensamentos e sentimentos negativos — talvez você esteja numa discussão — recorra a esse lugar na sua mente e se deixe cercar por aqueles a quem ama. Isso o ajudará a ficar em paz e não simplesmente a reagir. Se você se pegar se queixando sobre alguma situação e começar a perder a sua confiança em Deus, deixando que sentimentos de medo e os pensamentos que os acompanham ataquem você, recorra a esse lugar seguro na sua imaginação. Que ele seja real; observe seus pensamentos e sentimentos em função desse lugar. Isso será importante. Se você puder criar um lugar seguro na sua imaginação, você estará dando a si mesmo uma proteção simplesmente aceitando a negatividade na sua vida. Você dá a si mesmo uma chance de reagir racionalmente a seus problemas, em vez de por impulso. Você tem uma chance de exercitar a liberdade e o controle. Esse é um modo de se estabelecer na terra e se tornar um mestre da defesa.

O mestre do ataque espiritual, por outro lado, investe a partir dos mais altos desígnios dos céus. Esse guerreiro luta pelo bem do que é superior a ele mesmo, do que é mais nobre do que ele. Assim, o perito no ataque pode proteger a si mesmo e lograr vitória total. Esse ataque é feito quando o inimigo mostra claramente sua vulnerabilidade. Quando o ponto fraco é percebido no inimigo espiritual, o guerreiro mestre cai de assalto sobre ele como um relâmpago das alturas. Por meio da rápida investida, a vitória é alcançada, já que o inimigo interior é impedido de aumentar as forças e ganhar terreno. Isso é o que pode ser realizado por meio da ação imediata.

Uma campanha ofensiva contra os agressores espirituais internos requer uma série de ações a serem seguidas com precisão. Há vários modos de agressão espiritual que devem ser organizados. Na arte do combate espiritual, os fatores são cinco: exame de si mesmo, avaliação da condição espiritual de si mesmo, solicitação da ajuda divina, ação correta e vitória. O terreno comum dá origem ao exame de si mesmo; o exame de si mesmo à avaliação; esta à solicitação; a solicitação à ação correta; esta à vitória. Quando um guerreiro espiritual descobre, por meio do cuidadoso exame de si mesmo, uma praça forte do inimigo interior, e, ao determinar a natureza exata da situação, pede ajuda divina para derrotar as forças inimigas e, então, procede ao ataque, a vitória é alcançada. Esse é o combate espiritual. Swedenborg observa:

A raiz do mal não é extirpada,
Senão pelo combate.[2]

Assumir uma postura defensiva resguarda a pessoa da derrota, ao passo que assumir a ofensiva contra os inimigos interiores assegura a vitória. Aquele que assume essa campanha ofensiva estuda a si mesmo para descobrir onde o inimigo pode estar se escondendo. O guerreiro na ofensiva procura tendências destrutivas, maus hábitos ou modos maléficos enganosos que possam ter passado despercebidos na vida e no ser do guerreiro. No Programa de Doze Estágios, chama-se a isso fazer uma busca e um inventário moral corajoso do eu de alguém, ao passo que nas outras disciplinas espirituais isso é chamado de exame ou observação de si mesmo. O primeiro passo no ataque é olhar honestamente para si mesmo e ver onde se é falto de integridade e de atitudes irrepreensíveis. Assim Chogyam Trungpa, o guerreiro mestre, nos incita a examinar-nos de modo implacável:

Quantas vezes você fugiu,
Porque tinha medo de descobrir
Algo terrível em si mesmo?
Quantas vezes esteve inclinado
A olhar o seu rosto num espelho,
Sem se desconcertar?
Quantas vezes tentou se proteger
Lendo o jornal, assistindo à TV,
ou simplesmente se drogando?

Esta é a pergunta de sessenta e quatro mil dólares:
Quanto você se ligou a si mesmo em toda a sua vida?[3]

Logo que o guerreiro mestre descobre o inimigo, quer seja ele a preguiça ou o egocentrismo, o desejo ou a luxúria, o ódio ou o ressentimento oculto, o guerreiro mestre avalia como esse inimigo particular pode ser eliminado da sua vida. Por exemplo, o guerreiro avalia a força, digamos, do ressentimento. Ele pode ser removido? Que medidas devem ser tomadas para esmagar esse inimigo e substituí-lo pelo perdão e o entendimento? Depois de ter feito essas avaliações, o guerreiro mestre invoca o Divino e se aconselha, pedindo ajuda específica para lidar com esse inimigo. O mestre sabe que nenhum inimigo espiritual é eliminado sem a ajuda divina, e que as raízes da raiva e do ressentimento podem aprofundar-se. Depois de solicitar essa ajuda, o guerreiro ataca. Esse ataque ocorre ao se mudar conscientemente o comportamento, deixando de lado o ressentimento, rezando por e recebendo compaixão dos outros e tendo a experiência do perdão. A batalha continua, às vezes por muitos anos, antes de o guerreiro reconhecer que está sendo feito algum progresso. A vitória é alcançada quando o ressentimento, ou o que quer que possa ser o inimigo espiritual, foi conquistado e eliminado da vida do guerreiro mestre.

Embora possa parecer um paradoxo, ações-relâmpago desse tipo de campanha ofensiva são não-ações. A opção de não levar a cabo pensamentos ou desejos destrutivos, de não agir impulsivamente por instinto animal, aliada à escolha de agir com coragem pelo bem de algo superior à satisfação pessoal ou ao prazer do corpo, são meios para se cair de assalto sobre o inimigo espiritual interior. Freqüentemente, na batalha do espírito a não-ação é ação. Com freqüência, a não-agressão no terreno comum é uma investida frontal e total contra as forças da escuridão no domínio espiritual. Isso é porque parar de fazer o mal é fazer o bem. Thich Nhat Hanh comenta:

> Às vezes, se não fazemos nada,
> Fazemos mais do que se fizéssemos muito.[4]

Alcançar vitória sobre alguma tendência destrutiva em si mesmo não requer necessariamente grande perícia. Vencer as batalhas interiores em favor da paz de espírito não é necessariamente a marca de um campeão espiritual. Não é a excelência suprema. Até mesmo vencer a batalha contra algum desvio de caráter óbvio, para que todo o mundo elogie a ação, não é a excelência suprema. Erguer do chão uma folha no outono não é sinal de força; observar o Sol, a Lua e as estrelas não é sinal de visão clara; ouvir o estrondo do trovão não é sinal de bom ouvido. Vangloriar-se da vitória espiritual não é sinal de um combatente espiritual experiente. O guerreiro espiritual jovem, que deseja a glória ao buscar um inimigo poderoso com que travar batalha, é um tolo e em pouco descobrirá a tolice dessa ambição ao amargar a derrota. Aqueles a quem os antigos chamavam peritos na batalha espiritual logravam a vitória quando era possível lográ-la com facilidade. Os antigos mestres combatentes não eram vitoriosos por meio de uma agudeza incrível nem de uma coragem ilimitada. Em vez disso, os antigos mestres combatentes não cometiam erros. Não cometer erros significa agir quando a vitória é certa e conquistar um inimigo que já perdeu. Esse é o ideal por que lutar. Assim dizem os antigos: "Serás perfeito, assim como teu Pai que está no céu é perfeito" (Mateus 5:48).

Portanto, o perito na batalha espiritual toma posição num terreno que é inexpugnável e não perde a chance de derrotar o inimigo. Por isso, o guerreiro mestre só entra na batalha depois de primeiro ter conquistado a vitória, enquanto o guerreiro derrotado só busca a vitória depois de ter entrado na refrega. Trata-se de uma questão de disposição correta. Preparar-se para o confronto com o inimigo interior; ter um plano de ataque e agir segundo ele; empenhar-se ao máximo para derrotar o inimigo, enquanto se pede ajuda superior, não ansiando pela vitória senão pelo bem da paz espiritual — essas são as marcas do campeão. Quem é versado em alcançar a superioridade sobre o inimigo espiritual cria a oportunidade para a vitória dessa forma, e portanto evita a derrota.

Não admira, pois, que o caminho do antigo guerreiro inclua os princípios básicos da disposição correta. Com semelhante constituição, o guerreiro espiritual torna-se apto a repelir os assaltos espirituais e a atacar os inimigos espirituais à vontade, a partir do discernimento, da integridade e da força. Como foi descrito por Taisen Deshimaru, há sete princípios essenciais do guerreiro samurai que também se aplicam a todo guerreiro espiritual:

Gi: a decisão correta, tomada com equanimidade; a atitude correta; a verdade. Quando morrermos, deveremos morrer. Retidão.
Yu: bravura mesclada de heroísmo.
Jin: amor universal; benevolência para com a humanidade; compaixão.
Rei: ação correta — uma qualidade muito essencial; cortesia.
Makoto: sinceridade declarada; veracidade.
Melyo: honra e glória.
Chugo: devoção; lealdade.[5]

É por meio de uma combinação desses princípios que o guerreiro pode manter sua posição contra os inimigos, tomar a atitude agressiva necessária e saber o valor e a diferença entre essas alternativas. Por meio da tomada de decisão com base na experiência e nos valores espirituais, na honestidade para consigo mesmo e para com os outros, e por meio da devoção a uma causa nobre, o guerreiro espiritual não comete erros. Por meio da ação correta — o tipo de ação que corre o risco da perda pessoal em favor de algo espiritual superior, que é motivada pela compaixão pelos outros e que é realizada pelo bem de uma causa divina — o perito no combate espiritual afasta o inimigo com facilidade. Assim, o perito pode ser o árbitro da vitória e da derrota.

Por meio da disposição correta, o guerreiro vitorioso irrompe contra os inimigos espirituais como a força de uma tonelada contra alguns quilos. Esse guerreiro luta tendo o poder dos anjos como companheiros de batalha. Por outro lado, um guerreiro derrotado, que não cultiva uma disposição espiritual de força, luta como que arremessando alguns quilos contra a força de uma tonelada. Esse guerreiro, sozinho, tomba imediatamente quando posto à prova, moral ou espiritual. É por meio do cultivo de uma disposição espiritual que o guerreiro mestre carrega todo o peso da vitória. O poder de se lançar à guerra com a disposição correta pode ser comparado a um imenso rio de águas cascateantes estrondejando através de uma garganta escarpada. O que pode detê-lo? Como impedir que chegue ao seu destino?

Outras Aplicações

A Arte da Consciência e do Controle

O guerreiro espiritual que estabelece firmemente uma posição de força interior se resguarda do ataque de inimigos espirituais. Essa vantagem é conquistada por meio do aprendizado da arte da consciência e do controle. Não temos de ser vítimas de nossos próprios sentimentos negativos, mesmo que eles sejam despertados pelos outros. Podemos ter o controle da nossa vida quando podemos reconhecer os pensamentos e sentimentos negativos que nos assolam, e quando nos separamos deles. Em vez de reagirmos a circunstâncias externas a partir de emoções impulsivas, podemos agir a partir da nossa força interior.

Sei que tenho "botões" que as pessoas podem acionar e que tendem a despertar todo tipo de pensamentos e sentimentos destrutivos. Quando as pessoas criticam a minha integridade profissional, porque não concordam com minha filosofia quanto ao meu ministério, posso ficar nervoso. Como ousam me julgar? Quando me sinto rejeitado, em qualquer situação, quer ela envolva ser preterido numa proposta ou ser desprezado por um dos meus filhos adolescentes, ou mesmo ser posto de lado pela minha mulher ou por um amigo, posso me sentir como um menininho no meio de uma floresta gritando pela mãe. Há outros "botões" que também podem me deixar furioso ou enlouquecido. Na maior parte da minha vida, isso só aconteceu de maneira incontrolável; mas eu fiz progressos incríveis ao usar o princípio que envolve permanecer concentrado na força interior e não me associar a esses sentimentos negativos. Não posso dizer que estou ótimo, mas não reajo automaticamente ao *input* negativo exterior. Observo. Reparo nos sentimentos em mim e noto os pensamentos associados a eles antes de adotá-los como "meus". Eles afloram como uma patrulha de reconhecimento inimiga no horizonte, esquadrinhando minhas linhas de defesa atrás de pontos fracos, procurando uma brecha. Às vezes, eles se insinuam por elas. Mas a maior parte do tempo sou eu quem escolhe adotá-los ou não na minha mente consciente e nas minhas ações, e também rejeitá-los e enviá-los de volta ao seu campo inimigo. Isso é muito diferente dos antigos dias em que um "botão" interno era pressionado e então dez mil batalhões de pensamentos negativos e emoções se precipitavam na minha consciência desprotegida e faziam danos em minha alma.

A forma pela qual aprendi a fazer essa mudança foi usando uma combinação de técnicas. A primeira era chegar à real consciência de que eu não sou os meus pensamentos nem as minhas emoções, mas de preferência quem as escolhe. Isso ficou claro por meio de uma história muito simples que me foi contada por um homem muito sábio. Ele me disse para imaginar que eu estou guiando atrás de um carro que, por sua vez, está seguindo abaixo do limite de velocidade. Como me sinto? Nervoso, é claro. Esse cretino deveria sair da frente se não sabe guiar no limite de velocidade! Agora o carro chega a um cruzamento e bate no carro à sua frente. Como me sinto ao testemunhar isso? Alarmado, suponho, mas talvez com ainda mais raiva pelo fato de aquele estúpido bater no carro da frente. Então, saio do meu carro e me precipito na direção do homem no carro à minha frente e ouço alguém dizer: "Ele teve um ataque cardíaco!"; além de sentir mais espanto, talvez no fundo do coração eu lamente o fato de ter ficado com raiva dele por ele dirigir devagar. Então, olho para dentro do carro e vejo o homem desmaiado atrás do volante. É o meu pai! Como me sinto? Choro e sinto o horror. Atente para todas essas emoções diferentes nessas várias circunstâncias. Da raiva ao horror, dei o passo inicial nesse exercício. Ora, qualquer um teria uma reação severa ao ver um ente querido em perigo. Mas, e quanto a ficar com raiva do motorista molenga antes de saber que ele era o meu pai? Será que eu tinha de ficar com raiva ou será que eu é que escolhi a raiva? Realmente, havia uma causa para a raiva, sabendo agora quem era o motorista?, saber quem era o motorista faria uma diferença no modo como reagi?, poderia eu ter reagido diferentemente com respeito ao motorista lento desde o princípio? A questão é: eu escolhi minha reação de raiva inicial baseado num conjunto de suposições que se mostraram erradas. Eu não *tinha* de reagir ao motorista lerdo com raiva. As pessoas não podem *fazer* com que eu me sinta feliz, nem com raiva, nem triste, nem mesmo com medo. Eu *escolho* essas emoções com base nas minhas percepções. E se eu observar os pensamentos e sentimentos que me ocorrem em qualquer situação, eu posso escolher modificá-los, rejeitá-los ou fazer tudo o que eu quero. Se eu reconhecer que eu não sou os pensamentos nem os sentimentos, mas aquele que os escolhe, começarei a ter o controle deles em vez de deixar que eles me controlem. Ora, quando percebo a mim mesmo ficando impaciente ao dirigir atrás de um palerma, digo com meus botões: "Pode ser alguém que eu amo", e decido deixar a raiva passar.

Para mim também é importante ficar concentrado na Fonte, que para mim é Deus. A meditação é uma boa prática para criar condições a fim de que a cura e os pensamentos de paz fluam para dentro do corpo vindos de uma Fonte superior. A meditação também me dá tempo para me concentrar no que é verdadeiramente importante na minha vida — meu relacionamento com Deus, meu desejo por integridade, minha capacidade de me colocar acima de pensamentos insignificantes e sentimentos negativos. Porém, mais do que isso, adotei a prática na minha vida de invocar a Deus nos momentos em que eu sei que os meus "botões" foram pressionados. Peço a Deus que faça com que eu continue a me sentir íntegro, com que eu continue consciente e consciencioso ao lidar com os outros. Como Robert Moore diria, tento permanecer na minha "excelente energia", o que para mim significa agir conscientemente e até mesmo reagir em função de uma disposição concentrada em Deus, com tranqüilidade e o sentimento da realeza divina de Deus me protegendo e orientando.

Eu sei que esses princípios ajudaram muito um amigo meu em sua luta para viver com uma companheira que, na infância, sofreu abusos sexuais graves. Conhecemos os danos terríveis causados a mulheres e homens jovens que sofreram em mãos cruéis, e como isso pode ter um efeito devastador em cada aspecto da vida de uma pessoa. Pude constatar também como às vezes pode ser difícil para o cônjuge de uma vítima fazer face aos resultados trágicos desses abusos, que por vezes se manifestam num comportamento totalmente desequilibrado. À medida que o meu amigo passava com a mulher por um inferno de lembranças recorrentes, acessos de depressão suicida, ímpetos de raiva e falta de emotividade, ele confidenciava que, "Se eu não aprendesse a pôr de lado as minhas reações instintivas, eu não sobreviveria. Ela precisa de mim, do meu amor e do meu apoio. Sei que a raiva que ela sente não é por minha causa. Sei que há vezes em que nada no mundo que eu pudesse fazer ou dizer a fariam sentir-se melhor não são minha culpa. Eu não deixo que esses pensamentos me passem pela cabeça. Eu não preciso deles. Eu só a apóio quando ela me deixa fazer isso. Eu a amo tanto que peço a Deus que me dê forças para estar ali com ela." Faço questão de cumprimentar esse guerreiro espiritual pela sua dedicação e amor e pela disciplina espiritual que envolve permanecer com os pés plantados na terra, concentrado no Criador, desperto e alerta, de modo que possa ser de valia a alguém que ele ama e que necessita tanto do seu amor.

Tarefas

1. Pratique a seguinte meditação. Ache um lugar seguro e tranqüilo onde você não seja perturbado. Sente-se ou deite-se numa posição confortável. Pratique o esvaziamento da mente quanto aos pensamentos, não se apegando a eles enquanto flutuam na consciência. Observe-os flutuar para dentro e para fora da sua mente, permitindo que ela se esvazie. Continue esse processo durante pelo menos meia hora. Repita-o a cada dia. Observe a paz e o autocontrole que você consegue com ele. Lembre-se, esse tipo de meditação é uma disciplina a ser aprendida e praticada. Quanto mais você a praticar, mais benéficos serão os resultados.

2. Faça uma avaliação breve da sua situação espiritual. Reserve um tempo e, com lápis e papel, faça um inventário moral pessoal das suas tendências construtivas e destrutivas, de seus atributos negativos e positivos e de seus pontos fracos e fortes. Também considere o que você gostaria de mudar em você mesmo. Seja honesto e justo consigo mesmo durante esse processo. O que você vê e aprende?

3. Se você sentir que está pronto, escolha uma tendência destrutiva contra a qual travar batalha. Se esse processo for novo para você, escolha algo menor (um hábito ruim, um padrão de pensamento negativo, etc.). Examine seus pontos fracos e fortes, observando quando e onde essa tendência é forte e quando é fraca. Descubra e aceite sua parte em deixar que ela o controle. Com sinceridade, invoque o poder divino para se livrar disso na sua vida. Escolha conscientemente a não-ação ao combater essa tendência. Não aja segundo ela. Ela pelejará para conquistá-lo, mas se você se mantiver nessa sua atitude de não-ação, ela enfraquecerá e partirá em retirada. Você se sairá vitorioso sobre o inimigo espiritual.

Sun Tzu disse:

Governar muitos como se se governasse poucos é uma questão de divisão em grupos. Lutar contra um grande número como se se lutasse contra um pequeno número é questão de formação e de convocação. Tornar os exércitos capazes de enfrentar o inimigo sem serem derrotados é uma questão de métodos não-ortodoxos e de métodos ortodoxos. Que o impacto das forças armadas seja como o de pedras esmagando ovos, é uma questão de vazio e plenitude.

CAPÍTULO 5

Para Criar Vantagem no que Concerne ao Espírito

Em geral, é a organização que faz com que lidar com muitos desafios seja o mesmo que lidar com alguns. Trata-se de dividir os desafios em grupos, lidando com cada um como um problema separado embora relacionado. Ninguém pode se postar contra cem inimigos espirituais, mas a pessoa pode enfrentar os mais fracos dentre os cem e, por fim, derrotá-los a todos. Travar combate com um grande número de inimigos espirituais como se se travasse combate com um pequeno número é questão de manobra e de comunicação com o Divino. Por meio da manobra, a pessoa pode usar de grande força contra um inimigo espiritual forte, atacando onde ele é fraco e manobrando onde ele não espera. Por meio da comunicação com o Divino, a força que a pessoa exerce pode se tornar ilimitada.

Qualquer guerreiro espiritual pode lutar sem perder. É uma questão de usar métodos não-ortodoxos e ortodoxos. Saber a distinção entre pontos fracos e fortes do inimigo espiritual faz as forças interiores da pessoa caírem sobre o inimigo como se arremessasse uma pedra dentro de uma cesta de ovos.

Na guerra, o confronto é feito diretamente e a vitória é lograda usando-se o elemento surpresa. O método não-ortodoxo cria o elemento da surpresa porque torna o guerreiro imprevisível, e ao inimigo espiritual resta conjecturar acerca de cada movimento. Por isso, os versados no método não-ortodoxo são tão ilimitados quanto o céu e a terra e tão inexauríveis quanto os grandes rios e mares.

Usar o método ortodoxo enseja surpreender o inimigo diretamente com todo o poder que o guerreiro possa reunir. Essa tática pode ser realizada ao se recusar lutar contra essas forças internas destrutivas, poderosas demais para se lidar com elas de modo eficaz e desafiando os poderes menores. Ou seja, o guerreiro sábio não arrosta necessariamente o inimigo mais declarado, nem o que causa mais angústia ou preocupação, mas decide envolver-se quando a vitória é certa. Violar o domínio dos componentes mais fracos do inimigo espiritual fará com que as forças maiores percam poder, com que se redistribuam em unidades mais fracas e se tornem mais vulneráveis. À medida que os elementos mais fracos das forças inimigas tombarem, os elementos mais fortes dessas forças também se tornarão mais fracos. Eles podem, posteriormente, ser atacados com facilidade e sucesso.

O princípio sobre o qual essa estratégia funciona é que, quando um guerreiro espiritual está apto a sobrepujar um defeito de caráter, esse guerreiro ganha poder, confiança e uma ligação com a Fonte que permite o movimento contra outros defeitos de caráter com força maior. Em outras palavras, se a pessoa pode atacar alguns maus hábitos, é mais provável que ela seja capaz de enfrentar e derrotar defeitos de caráter mais profundos. Como uma bola de neve que rola colina abaixo ganha em massa e impulso, a força do guerreiro espiritual aumenta à medida que ele conhece a vitória em batalhas sucessivas. Portanto, às vezes, é mais sábio confrontar as limitações menores primeiro, tais como hábitos não-saudáveis, fofocas, a tendência de dominar as conversas, o pessimismo, e criticar os outros, em vez de atacar inimigos mais poderosos, tais como a raiva, a ganância, a luxúria e a vaidade. Esses defeitos mais profundos devem ser tratados em algum ponto, mas o guerreiro espiritual descobrirá que a experiência em derrotar os defeitos menores ajuda quando deparamos com inimigos mais espetaculares. Essa é a estratégia do método ortodoxo.

O método não-ortodoxo é de natureza diferente; no entanto, é também bastante eficaz. Esse método envolve o elemento da surpresa.

Isto é, ir aonde o inimigo menos espera. Se você, por diversas vezes, se vê desafiado segundo os parâmetros de um terreno comum particular, escolha um outro. Se você descobrir que o inimigo avança em seus pensamentos sobre um assunto particular, redefina-o, afaste-se dele, substitua-o. Embora todos devam ter algum tipo de rotina a fim de manter uma existência familiar e, por isso, tranqüila, seguir a mesma rotina sem variação é uma prescrição para o desastre. Você se torna vulnerável ao inimigo e aberto ao ataque. Portanto, pratique o incomum. Mude sua rotina. Siga por um caminho diferente. Vire onde menos se espera que você vire. Procure o que comumente não procuraria. Estenda a mão para apanhar o que nunca apanhou. Isso deixa o inimigo na expectativa sobre o lugar aonde você irá a seguir, e ele não terá a oportunidade de estudar seus pontos fracos. Como se relata no *Tao Te Ching*, esse é o Caminho do não-ortodoxo:

> O bom viajante não tem planos fixos
> E não tem a intenção de chegar.
> O bom artista deixa que a intuição
> O leve aonde ela quiser.
> O bom médico livrou-se de conceitos
> E mantém a mente aberta ao que existe.[1]

Acreditando nessas realidades superiores, na batalha dos anjos e dos demônios pela minha alma, acho que esse método não-ortodoxo tem um poder real sobre os meus inimigos espirituais. Se esses demônios estão determinados a me atacar e a destruir a minha saúde espiritual e o meu bem-estar, o que lhes poderia fazer de mais simples senão seguir o mesmo caminho a cada dia? Há um ditado que afirma que a preguiça é o travesseiro do diabo, e isso é bem verdade, porque, quando o guerreiro acampa no mesmo lugar e nunca se move, o inimigo ataca freqüentemente e a seu bel-prazer. Mas se a inatividade é o travesseiro do diabo, a rotina contínua é a diversão do diabo. A rotina constante dá aos demônios toda sorte de oportunidades para o dano.

Mudando a minha rotina, surpreendo meus demônios pessoais. Se eles quisessem me encher de acessos de ansiedade, a pior coisa que eu poderia fazer seria continuar a entrar em momentos regulares nas arenas que produzem essa ansiedade. Se alguma coisa traz ansiedade, então faço isso de outro modo, ou não faço. Independentemente do que eu faça, faço-o de maneira não-ortodoxa, e então o inimigo se confunde quanto a como reagir.

Também descobri que, quando o inimigo me atacava com acessos de depressão, seguir a mesma rotina tornava mais fácil para ele não perder de vista cada avanço meu. Primeiro, compreendi que, quando eu acordava de manhã, eu tinha uma breve pausa na depressão, como se os meus demônios estivessem dormindo um pouco mais do que eu. Mas logo eles acordavam e começavam a me encher de pensamentos e sentimentos melancólicos, levando-me ao desespero pelo meio-dia. Então eu compreendi que, se eu pudesse ter a experiência, ainda que breve, dessa trégua dos demônios pela manhã, eu não precisaria estar às voltas com eles de forma nenhuma. De fato, provavelmente eu estava convidando-os inconscientemente para a minha vida, porque estava seguindo a mesma rotina. Quando mudei a minha rotina — como trabalhar em casa por um dia, dar um passeio, não assistir aos programas habituais na televisão, até mesmo sentar-me num lugar diferente ao jantar, e mudar os hábitos na hora de dormir e de levantar — o inimigo não pôde me enfrentar. A depressão começou a ceder e a passar. Era como se o inimigo caísse no sono só para acordar e descobrir que entrementes eu mudara de terreno. O inimigo esperava nos lugares habituais na estrada da rotina a fim de me emboscar, mas eu não aparecia mais. O método não-ortodoxo me fez seguir um caminho diferente. Ora, se existem realmente demônios à espreita para nos emboscar, que podem ser enganados por uma estratégia não-convencional, ou se esse processo simplesmente induz o cérebro a segregar substâncias químicas diferentes, que nos dão uma sensação diferente de vida, o que importa? O fato é que esse método não-ortodoxo funciona.

Decida-se a praticar o método não-ortodoxo. Siga a descrição de como fazer isso nas tarefas no final deste capítulo. Veja que diferença pode fazer. Ele não só o ajudará a lutar contra os seus demônios pessoais, como também o revigorará e ajudará a sua criatividade, dando-lhe uma sensação de maior leveza e introduzindo-o na enorme variedade de experiências agradáveis que a vida está pronta a lhe dar.

De acordo com os antigos mestres chineses, não há mais do que cinco notas principais numa escala musical; contudo, combinadas, elas produzem mais sons do que se poderia ouvir. Há apenas cinco cores fundamentais, mas suas variações são tantas que elas não podem todas ser vistas. Há apenas cinco sabores fundamentais, mas suas variações são tantas que eles não podem ser sentidos. Para conseguir vantagem estratégica na batalha espiritual, existem apenas duas abordagens principais — a saber, a ortodoxa e a não-ortodoxa — no entanto, em combinação, elas criam possibilidades inesgotáveis. O ortodoxo e o não-ortodoxo se fundem um no outro como um círculo sem começo nem fim. Suas possibilidades são ilimitadas.

Quando os guerreiros mestres avançam contra adversários espirituais com as forças dos céus por trás deles e a precisão da sabedoria divina dentro deles, nenhum inimigo pode suportar. Quando a velocidade da água corrente alcança o ponto em que é capaz de deslocar pedras, isso é a força do impulso. Quando a velocidade de um falcão é tal que ele pode surpreender e matar, isso é precisão. Assim é com os guerreiros espirituais que são hábeis — sua força é veloz e poderosa, como uma catapulta pronta para lançar a pedra, e sua precisão é como soltá-la. Mesmo no meio do tumulto da batalha espiritual eles não podem ser confundidos. Mesmo no meio do tumulto, com as circunstâncias mudando ao redor, eles não podem ser derrotados. Como Castañeda salienta:

> O guerreiro não é uma folha à mercê do vento.
> Ninguém pode pressioná-lo;
> Ninguém pode fazer com que ele faça algo contra si mesmo
> Ou contra aquilo em que ele acredita.
> Um guerreiro é feito para sobreviver,
> E ele sobrevive na melhor das maneiras possíveis.[2]

Na batalha espiritual, a desordem no inimigo advém da ordem em si mesmo, a covardia no inimigo aflora da coragem em si mesmo e a fraqueza no inimigo aflora da força em si mesmo. Na medida em que o guerreiro pode dominar essas coisas, nenhuma tendência destrutiva pode se manter, e nenhum inimigo espiritual pode lograr uma posição segura. Quer sejam demônios quer disfunções, eles não resistem.

A ordem e a desordem são uma questão de organização na mente e nas ações; a coragem e a covardia são uma questão de impulso no coração do guerreiro espiritual; a força e a fraqueza são uma questão de disposição espiritual. Portanto, os que são versados na batalha espiritual buscam a vitória organizando-se e dedicando-se de tal modo que são capazes de ganhar impulso contra o inimigo espiritual, deslocando-o assim para uma posição de vulnerabilidade e, então, tomando-o com força total.

O perito no combate espiritual busca a vitória pela vantagem estratégica e não age impulsivamente com força bruta. Ele pode escolher as ações apropriadas contra o agressor espiritual para explorar a vantagem estratégica. O que explora a vantagem estratégica leva a força espiritual total à batalha como pedras rolantes por uma colina íngreme. As pedras naturalmente repousam no chão plano, mas, no solo íngreme, elas rolam. Portanto, quando alguém distribui estrategicamente as forças internas contra o adversário espiritual, é como fazer com que pedras rolem por uma montanha íngreme. O que pode deter o curso delas?

Outras Aplicações

Descubra suas Prioridades Pessoais

É a organização que torna o ato de fazer face a muitos desafios o mesmo que fazer face a alguns. Recentemente, recebi um telefonema de um homem chamado Bob. Ele tinha freqüentado o nosso programa de Treinamento de Eficácia na Guerra Espiritual. Bob tinha uma pergunta relacionada com o problema da organização e da eficácia espiritual. Ele me disse: "Tenho estado me concentrando em viver com integridade e descobrir minha missão pessoal. Estou descobrindo que tenho alguns dons que posso oferecer para o mundo, e tenho tido muito mais atividades ultimamente em ajudar pessoas estranhas e me ligar a elas. Mas o meu problema é que agora eu freqüentemente me pego tão ocupado, que sinto que estou negligenciando a minha família. Prometi passar algum tempo extra com a família nos feriados, mas consulto a minha agenda e vejo que marquei coisas relacionadas com o trabalho e com a ajuda voluntária quanto a alguns amigos. Estou fazendo boas coisas, mas tenho a impressão de estar agindo impulsivamente e de não estar no controle das coisas. De fato, estou me sentindo um pouco culpado quanto à minha família. Tem alguma sugestão?"

"Você prioriza as responsabilidades no trabalho?", perguntei. "Sempre usa uma Lista de Afazeres?"

"Ora, é claro. Apareciam coisas a toda hora, e elas me deixavam tão ocupado que eu não tinha condições de funcionar sem a lista, e muito menos sem dar prioridade às necessidades e ao momento de fazer isso."

"Certo. Agora é hora de priorizar os seus valores e de se ocupar da Lista de Afazeres para a sua vida pessoal", respondi.

Assim, freqüentemente, as pessoas podem reconhecer a importância de priorizar coisas no trabalho, deixando de considerar o que é importante para elas na sua vida pessoal. Na nossa conversa, Bob compreendeu que suas prioridades não estavam certas porque nunca priorizou. A vida mais ou menos acontecia para ele, e ele reagia conformemente e por impulso, apenas para pagar por isso posteriormente pelo tempo que não passou em casa, por estar atrasado no trabalho, ou pela culpa que sentia por isso. Só em alguns momentos conscientes é que Bob conseguia arrolar suas prioridades gerais. A família vinha primeiro, depois o trabalho, depois atividades extras, como ajudar os outros. Ele disse também que a saúde vinha antes de tudo, caso contrário não seria capaz de cuidar das outras prioridades. Com essa determinação, Bob prometeu então tirar algum tempo para estabelecer prioridades, num pedaço de papel, quanto às coisas que queria fazer para cumprir essas obrigações. Ele prometeu fazer uma Lista de Afazeres para a sua vida pessoal que incluísse a família acima de tudo. Ele disse: "Prometi que neste ano faria a maior parte das compras nos dias livres, e não vou deixar que isso saia da lista. Posso cortar algumas atividades extracurriculares, que vão me dar um tempo para passar com o meu filho." Ele ria. "Às vezes sinto como que obrigado a fazer coisas que sei que precisam ser feitas, mesmo que não sejam responsabilidade minha. Há um velho ditado que diz: 'Cuide de si mesmo primeiro.' Isso pode incluir o meu filho, certo?"

"É claro que pode", concordei. "Se a família não está funcionando, tudo o mais tende a se decompor. Você está no caminho certo."

Vi Bob algumas semanas depois e lhe perguntei se ele tinha feito a Lista de Afazeres.

"Se fiz a lista? Passei por aquela primeira lista numa semana, e agora estou na número três! É impressionante quando você toma nota de coisas e presta atenção na facilidade com que você pode se concentrar nas coisas e fazê-las, nas coisas que você deve e quer fazer. Parece tão simples. É como se eu tivesse estado fazendo isso há muito tempo. Mas suponho que freqüentemente negligenciamos as coisas simples."

Concordo com Bob. Talvez reservar um tempo para descobrir nossas prioridades pessoais e elaborar uma Lista de Afazeres para nossa vida pessoal parece tão simples, que deixamos de fazer isso. No entanto, são essas decisões simples que mantêm nossa vida sem complicações e rumando no curso desejado. Uma organização como essa é que faz com que lidar com aquilo que parece constituir uma série de desafios seja como lidar com apenas alguns.

Tarefas

1. Faça uma Lista de Afazeres espirituais. Arrole as mudanças que você gostaria de fazer na sua vida, os problemas por resolver e os desafios que você sabe que terá de enfrentar. Organize-os de acordo com a sua importância, os mais importantes como a prioridade número um para a ação e o descanso em seguida. Quando terminar, examine a lista. A lista é exata e realista? Re-

defina os itens que requerem uma descrição mais precisa e elimine os que não são realistas. Determine como e quando você se ocupará do problema número um. Tome uma atitude quanto a se ocupar disso. Quando você tiver feito progresso com esse problema, passe ao segundo, e assim por diante. Atualize regularmente a sua lista, e seja paciente com você mesmo. Você nunca será capaz de eliminar todos os problemas. Essa não é a questão. A questão é conhecer os problemas e ser capaz de tomar a atitude apropriada para o crescimento espiritual.

2. Experimente o não-ortodoxo. Mude a sua rotina e observe a energia que você recebe dessas mudanças. Divirta-se com isso. Por exemplo, entregue-se à sua rotina matinal e cumpra-a de um modo diferente, vá trabalhar tomando outro caminho, telefone para alguém a quem você habitualmente não liga e diga olá. Tente fazer algum prato que você normalmente não faria. Durma num quarto diferente por uma noite. Só hoje, evite uma situação que acarrete mudanças espirituais. Responda à comunicação do ser amado com uma resposta ilógica e, depois, sorria. Rompa com o molde da sua vida e faça com que o inimigo espiritual fique pensando sobre o que você fará a seguir. Como você se sente agindo dessa forma?

3. Tenha fé e tire vantagem desse momento de elevação do espírito. Quando as coisas parecerem que estão indo bem, celebre e continue nessa alegria. Não se prive da alegria. Se você encontrar um caminho para uma forma melhor de vida, em vez de parar por medo de grandes mudanças, dê alguns passos na direção correta. Tenha fé no poder divino, que pode agir sobre você e através de você. Deixe que ele flua livremente com o seu incrível poder de cura.

Sun Tzu disse:

Os que chegam primeiro ao campo de batalha e esperam os adversários estão descansados; os que chegam por último e avançam em direção à batalha ficam exaustos. Portanto, os bons guerreiros fazem com que os outros venham até eles e não partem na direção dos outros. O que incentiva os adversários a virem espontaneamente é a perspectiva do ganho. O que desencoraja os adversários a virem é a perspectiva do prejuízo. Dessa forma, quando os adversários estiverem descansados, é possível fazer com que eles se cansem; quando estiverem bem esgotados, é possível vencê-los pela inanição; quando estiverem imóveis, é possível deslocá-los. Apareça onde eles não podem ir; avance para onde eles menos esperam. Para viajar centenas de quilômetros sem se cansar, atravesse regiões onde não haja pessoas. Para conquistar com sucesso aquilo que você ataca, ataque onde não haja defesa. Para uma defesa infalivelmente segura, defenda onde não haja ataque. Desse modo, no caso daqueles que são especializados no ataque, seus adversários não sabem onde defender. No caso dos que são especializados na defesa, seus adversários não sabem onde atacar.

Capítulo 6

Vazio e Plenitude

Aqueles que ocupam primeiramente o campo de batalha espiritual para aguardar o inimigo estarão descansados; os que esperam pela batalha espiritual sem um plano estarão mal preparados quando o inimigo atacar e logo ficarão exaustos. Desse modo, o especialista em guerra desloca o inimigo e não é deslocado por ele. Para fazer com que o inimigo espiritual ataque espontaneamente, basta facilitar as coisas para ele; para impedir o inimigo de entrar na sua consciência, basta obstruí-lo. Assim, para ser capaz de vencer pelo cansaço um inimigo bem descansado, vencer por inanição um que esteja bem abastecido e deslocar o que esteja fixo num lugar basta tomar decisões que forcem o inimigo a ficar continuamente na defensiva. Apareça onde os inimigos espirituais não podem ir, avance para onde eles menos esperam e faça o que eles nunca pensariam que você fizesse.

Ao perturbar um inimigo espiritual que monta acampamento dentro do seu ser, você atacará o que ele menos espera que você ataque. Você pode atingir esse objetivo enfrentando um inimigo espiritual que você nunca enfrentou antes. Escolha uma tendência destrutiva que esteja adormecida pelo seu consentimento — aquela que nunca esperaria ser atacada. O inimigo pode ser apanhado de forma tão desprevenida que facilmente se renderá e abandonará o campo em pânico. O que quer que possa ser, se for algo que você nunca tenha confrontado antes, como a ociosidade, o escapismo ou a procrastinação, se você de repente enfrentar com toda a força, é provável que esse inimigo fuja apavorado, sem lutar. O mestre guerreiro também pode vencer por inanição uma tendência destrutiva ao não agir contra ela. O desejo sem a ação não pode sobreviver, não importando qual seja esse desejo. Segundo Swedenborg:

> A não ser que a pessoa faça o que deseja,
> Há dentro dela uma redução do desejo,
> Que por fim se transforma numa falta de desejo.[1]

Se um desejo destrutivo não puder encontrar uma válvula de escape na ação, ele necessariamente perderá poder sobre o guerreiro. Por meio de desafios contínuos, aqueles inimigos espirituais que já fazem parte da vida diária são esgotados e podem, finalmente, ser derrotados.

Para viajar centenas de quilômetros em sua jornada espiritual sem se cansar, caminhe onde não haja a presença do inimigo. Examine suas possíveis propensões para o perigo; evite circunstâncias duvidosas que possam fazer com que o inimigo esteja alerta à sua presença. Pare em suas jornadas para ouvir e olhar, entrando no novo terreno enquanto progredir. A consciência espiritual pode ajudar você a evitar uma emboscada inesperada e batalhas desnecessárias. Cultivar a plena consciência, tanto do terreno plano e dos padrões modificadores, como do clima espiritual mutante que acompanha você na sua jornada manterá você preparado para quaisquer circunstâncias em desenvolvimento em qualquer plano, e permitirá que você escolha suas próprias batalhas em vez de esperar que elas se imponham a você. Uma pessoa comum passa por situações difíceis que causam tentação e angústia e está sempre na defensiva. O mestre guerreiro, entretanto, enxerga além, vê o que está acontecendo e o que pode vir a acontecer em cada situação nova e evita circunstâncias espiritualmente perigosas. Se o mestre guerreiro precisa percorrer o território inimigo em situações que possam causar o combate espiritual e aflição, ele caminha de forma branda e silenciosa, até que o perigo tenha passado. Por essa razão, diz Sun Tzu:

Mantenha-se tão oculto e sutil,
De modo que você não assuma nenhuma forma.
Seja tão misterioso e prodigioso,
De modo a não fazer nenhum barulho.
Assim, você se tornará o condutor
Do destino do seu inimigo.

Para investir sem fracassar, ataque o que o inimigo não irá defender. Para defender com a confiança de manter seguro o bem-estar de uma pessoa, defenda o que o inimigo não irá atacar. Assim, no caso do especialista em ataque, o inimigo não sabe onde defender; e, no caso do especialista em defesa, o inimigo não sabe onde atacar. Observe o que está sendo abençoado em sua vida e vá em busca disso. Se for uma atitude, pratique-a mais. Se for um modo de ser, desfrute dele e lhe dê valor. Se for um momento de bem-aventurança, apodere-se dele. Na realidade, beneficiar-se plenamente da bem-aventurança que acontece com você, seja na sua campanha espiritual ou na sua jornada de dever terrena, é apoderar-se do território que o inimigo não defende; e cercar-se da força de tudo aquilo que é bom e espiritual, com todas as suas bênçãos, é defender o que o inimigo não irá atacar, porque as potestades que estão contra ele são poderosas.

A arte da guerra espiritual é uma questão de vazio e de plenitude. O especialista em guerra espiritual esvazia o eu da natureza do eu — ou seja, do ego — e de todas as suas necessidades, desejos, conceitos equivocados e das ilusões que o cercam. O especialista substitui esses aspectos por um novo ser, nascido de um reino celeste e do Divino. Esse novo ser, que primeiramente é esvaziado e aberto ao influxo do que é bom e abençoado, é logo preenchido com o que é bom e abençoado. Embora esvaziar-se pareça perder-se, na realidade, ao fazê-lo, o guerreiro espiritual encontra a si mesmo. Embora pareça que o esvaziar-se de si mesmo resultará na perda da vida interior, na realidade, graças a isso, o guerreiro espiritual encontra a vida. Há uma aparência de morte, que, entretanto, é seguida pela realidade da vida. Portanto, como está escrito:

Quem quiser salvar a sua vida
Perdê-la-á,
E quem perder a vida por causa de Mim,
Achá-la-á.

(Mateus 16:25)

Eu sei que estou enfrentando um tipo de morte toda vez que percebo que preciso soltar o que estou segurando. É como se eu fosse literalmente morrer, ou como se algo especial com que eu me importe fosse morrer, ou alguma sensação de domínio fosse morrer. Se eu parar de me preocupar com os meus filhos adolescentes, não irão eles, de repente, deslizar no terreno escorregadio que leva à delinqüência juvenil? Se eu deixar de ficar obcecado sobre o que aquela pessoa pensa de mim, não irá ela imediatamente deixar de gostar de mim? Se eu não dominar todos os aspectos do meu trabalho e não progredir cada vez mais intensamente, não serei demitido amanhã? Essas são as perguntas que a minha mente faz quando sou forçado a enfrentar a realidade de que preciso me desapegar. Ao me desapegar do medo, da co-dependência e a necessidade de controle, sinto como se eu fosse perder tudo. E, na realidade, uma morte acontece. Um outro lado daquele eu perturbador, controlador, obsessivo, assustado e destrutivo morre. O vazio é quase insuportável, mas é logo preenchido com plenitude, liberdade, verdade, auto-estima e serenidade. Ao perder um tipo de vida, eu ganho outro. A aparência é a de morte, mas por meio dessa morte vem a vida real.

Para avançar contra um inimigo espiritual sem que haja resistência, vá direto aos pontos fracos do inimigo; para recuar de forma ardilosa, antecipe-se a ele. Portanto, se você quiser travar batalha, o inimigo não terá escolha, mesmo que ele esteja seguro atrás de muralhas e valas profundas dos recantos secretos da sua mente, porque você ataca o que ele precisa salvar. Se você não quiser lutar, o inimigo não poderá travar combate com você, mesmo que você não tenha mais do que uma linha desenhada na areia para protegê-lo, porque você o induziu ao caminho errado. Se você puder fazer com que o inimigo mostre a posição dele enquanto você esconde dele a sua, você terá plena força onde ele estará dividido. O único modo de atingir esse objetivo é tomar decisões rápidas para ir em outra direção, tanto em antecipação à aproximação do inimigo, ou até mesmo antes dessa antecipação. Se você continuar movimentando, mudando e aperfeiçoando a sua estratégia, você o manterá fora de equilíbrio. Portanto, quando você induz o seu adversário espiritual a assumir uma forma enquanto você mesmo permanece sem forma, você está concentrado enquanto seu adversário está fragmentado. Quando você estiver concentrado numa unidade de pensamento e intenção, e o seu inimigo estiver totalmente fragmentado e confuso, as probabilidades de vitória num ataque estarão a seu favor.

Se você puder atacar com força alguns inimigos espirituais, você irá, dessa forma, reduzir ao mínimo o número daqueles com quem você trava a batalha. O mestre do combate espiritual prefere desafiar apenas um inimigo espiritual por vez. Se atormentado por uma multidão de inimigos interiores, como, por exemplo, a impaciência, a raiva, o desejo e a aversão, o mestre do combate espiritual não enfrenta todos eles ao mesmo tempo. Nem mesmo o mais hábil guerreiro poderia vencer essa batalha. Entretanto, atacar o mais fraco de todos esses inimigos seria usar de sabedoria, pois o foco do guerreiro permanece definido e a força integral, quando empenhada contra um único inimigo, permanece intacta. Talvez o guerreiro possa enfrentar primeiramente a impaciência, derrotando esse inimigo para, então, voltar a desafiar a raiva com nova força e determinação. Quando um inimigo é derrotado, os outros ficam enfraquecidos. Quando a vitória sobre um deles é alcançada, os outros poderão, então, ser vencidos.

Sun Tzu diz que o lugar e o tempo que você escolheu para travar uma batalha com o inimigo deve ser uma surpresa para ele. Se ele não puder se antecipar a você, as posições que o inimigo terá de preparar para a defesa serão muitas e, em qualquer ponto específico que você trave o combate, ele estará em menor número. Portanto, se o inimigo se preparar, reforçando seus números na frente da batalha, sua retaguarda ficará enfraquecida; se ele fizer preparativos na retaguarda, sua frente ficará enfraquecida; se ele fizer preparativos no lado esquerdo, o lado direito ficará enfraquecido; se ele reforçar o lado direito, o lado esquerdo ficará enfraquecido. Quando você obriga o inimigo a se preparar em todos os lugares, ele fica enfraquecido em todos os lugares. Portanto, para atacar um único inimigo espiritual, trave batalha até conquistar algum terreno e, então, recue por algum tempo antes de enfrentar um outro inimigo. Para continuar a lutar constantemente contra um adversário interior, negligenciando os outros, deixe o inimigo reforçar continuamente esse adversário. Por exemplo, uma pessoa que, durante toda a vida, esteja preocupada com apenas uma única falha espiritual, permanecerá prisioneira pelo resto da vida. Trata-se de uma batalha inútil e de um desperdício de recursos militares e de poder. O guerreiro espiritual, então, ficará esgotado e perderá o ânimo de lutar. Entretanto, dar uma trégua a um inimigo apenas para atacar um outro — progredir e, em seguida, descansar antes de atacar um outro — é uma forma de fazer com que o inimigo sempre esteja supondo onde será a próxima batalha. Isso também dá ao guerreiro espiritual a oportunidade de ganhar terreno em diferentes áreas da vida e, dessa forma, terá a oportunidade de crescer.

Uma pessoa é fraca quando é forçada a se preparar contra os outros, mas a pessoa que faz com que os outros se preparem contra ela é forte. Assim, se você puder antever quando e onde uma batalha espiritual vai acontecer, você poderá marchar em direção à batalha preparado e bem descansado. No entanto, se você não puder antever quando e onde essa batalha vai acontecer, a sua capacidade para se defender será limitada e você logo desanimará. E muito mais quando você tiver perdido contato com a Fonte, pelo fato de sua consciência estar fragmentada no campo da batalha espiritual. Portanto, permaneça alerta enquanto atravessar um novo terreno e esteja apto a antecipar-se quando uma batalha começa a se agitar dentro de você. Se estiver atento, você saberá, por exemplo, quando os sentimentos de impotência tentarão abatê-lo. As circunstâncias que causam essas contendas, com sentimentos de impotência e dúvida, não podem ser evitadas; mas se você estiver atento quando houver a possibilidade de tais contendas ocorrerem, você estará preparado para uma batalha em vez de ser apanhado desprevenido, e com força e determinação em vez de fraqueza. Isso é certo para todos os inimigos espirituais que você possa enfrentar.

Para permanecer atento e alerta e, dessa forma, preparado para a batalha, faça com que a pessoa comum se torne um mestre guerreiro no crescimento espiritual. Buda observou:

> Vigilância é um modo de vida.
> O tolo dorme
> Como se já estivesse morto,
> Mas o mestre está acordado
> E vive para sempre.[2]

Em resumo, a quantidade de tropas contra você não faz diferença quanto à vitória, pois acredita-se que a vitória possa ser criada. Mesmo que o inimigo tenha superioridade numérica, você pode impedi-lo de usar essa força em sua totalidade. Como os guerreiros de antigamente diziam, se uma pessoa confia no Divino, ela não precisa temer o número de inimigos:

> O Senhor é a minha luz e a minha salvação;
> De quem terei medo?
> O Senhor é a fortaleza da minha vida;
> A quem temerei?
> Quando malfeitores sobrevêm para me destruir,
> Meus opressores e inimigos,
> Eles é que tropeçam e caem.
> Ainda que um exército se acampe contra mim,
> Não se atemorizará o meu coração;
> Ainda que uma guerra estoure contra mim,
> Mesmo assim estarei confiante.
>
> (Salmos 27:1-3)

Portanto, analise a formação da batalha do inimigo para entender suas forças e fraquezas; desafie-o para descobrir a configuração dos movimentos dele; induza-o a adotar meios específicos de ação; entre em conflito com ele para descobrir onde ele é forte e onde é fraco.

A habilidade fundamental em ocupar uma posição estratégica consiste em não assumir nenhuma forma. Se você ocupar uma posição sem assumir uma forma, os espiões inimigos mais inteligentes e astutos não serão capazes de descobrir nada que possa ser usado contra você. O inimigo não poderá armar uma estratégia. Evite o que é uniforme e convencional. Evite a rotina, pois ela faz com que a mente e, por conseguinte, a alma durmam. Pratique a criatividade e explore o que não seja convencional, pois essa atitude aviva o espírito do guerreiro. Seja imprevisível e o inimigo espiritual não será capaz de prever o seu destino e as suas manobras espirituais. Para obter vitória sobre uma multidão de forças das trevas, basta posicionar-se contra elas. Entretanto, embora as vitórias possam parecer as mesmas, o posicionamento sempre muda. Portanto, a vitória na guerra espiritual não é repetitiva, mas altera suas configurações continuamente.

Criar uma estrutura militar estratégica contra o inimigo interior é como a água. Assim como o fluxo de água se esquiva de lugares altos e corre em direção ao ponto mais baixo, o caminho para a vitória evita os pontos fortes do inimigo e ataca onde ele é fraco. Do mesmo modo que a água muda seu fluxo de acordo com a inclinação do solo, os métodos que você úsa para conquistar a vitória também variam de acordo com o posicionamento do inimigo. No combate espiritual, a força militar não tem uma disposição constante, assim como a água não tem uma forma constante; a capacidade de alcançar vitória ao mudar e se adaptar de acordo com o adversário é sinal de talento espiritual.

Outras Aplicações

Vá em Busca do que Você Ama

Uma forma de obter crescimento é observar o que está sendo abençoado na sua vida e partir em busca disso. Se for uma ação, pratique-a mais. Se for um modo de ser, desfrute dele e lhe dê valor. Se for um momento de bem-aventurança, apodere-se dele.

Geralmente uma pessoa diz que adora fazer tal coisa, mas não tem tempo de fazer isso com muita freqüência. Quantas vezes você já ouviu alguém dizer: "Eu queria poder fazer isso" — sabendo muito bem que essa pessoa pode mas não faz? Uma das promessas que fiz a mim mesmo é a de que, quando estiver no meu leito de morte (espero que não seja logo), não vou refletir a respeito da minha vida e murmurar: "Se ao menos eu tivesse... se ao menos eu tivesse me divertido mais. Se ao menos eu tivesse demonstrado mais gratidão e amor. Se ao menos eu tivesse escrito aquele livro. Se ao menos eu tivesse passado mais tempo com a minha família." Que pesadelo seria ter tido capacidade, oportunidade, vontade mas não ter agido! A verdadeira alegria de ir em busca do que você ama e do que está trazendo bênçãos à sua vida é que a bênção aumenta. Jesus disse: "Dai, e dar-se-vos-á; boa medida, recalcada, sacudida, transbordante, generosamente vos darão; porque, com a medida com que tiverdes medido vos medirão também" (Lucas 6:38). À medida que reunimos dons e bênçãos que Deus nos concedeu, doando-os para o mundo, recebemos em troca a mesma quantidade e, muitas vezes, até mais. Se agirmos sobre aquilo que amamos, especialmente se for uma ajuda que beneficie outras pessoas, nossos corações ficarão cheios de alegria — abundante, transbordante, revitalizante, edificante — dando sentido à nossa existência. Viver assim é ir em busca de nossas bênçãos.

Sei que já passei por momentos de dúvida quando a felicidade chegou. Eu disse para mim mesmo: "Eu não mereço" — e deixei de desfrutá-la. Quando as portas se abriram para novas possibilidades de bênção e crescimento, senti pontadas de medo e impotência e fiquei parado, esperando que as portas da oportunidade se fechassem diante dos meus olhos. Cheguei à conclusão de que a única coisa que me impedia de atravessar por aquelas portas e me deleitar quando a felicidade me favoreceu foram os inimigos espirituais. Medo, dúvida, apatia e até mesmo aversão a mim mesmo me impediram de atravessar essas portas. A partir do momento que eu reconheci que esses inimigos estavam me impedindo de ser uma pessoa mais útil, produtiva e feliz, foi que eu comecei a caminhar rumo às portas da oportunidade. Eu não deixei que eles me segurassem. É surpreendente a rapidez com que esses inimigos desapareceram quando eu permiti que as verdadeiras bênçãos de Deus entrassem na minha vida e na minha consciência. Tenho usado parte dos meus recursos em aconselhar mais, que é o que eu realmente adoro fazer, bem como em trabalhos humanitários e em escrever livros. Tenho buscado coragem para ficar em público diante de centenas de pessoas e ser eu mesmo. Quando me arrisco, a recompensa sempre volta sob a forma de novas bênçãos. A alegria que senti ao não limitar a minha vida ou a não me privar de ir em busca dos sonhos que o meu Criador colocou diante de mim, não tem sido nada além de bênção. Descubra o que Deus está abençoando na sua vida e desfrute cada vez mais disso. Você não se decepcionará com os resultados.

Tarefas

1. Se você está sendo desafiado por um inimigo espiritual — alguma tendência destrutiva ou alguma falha de caráter que insiste em atacar — pergunte a você mesmo que terreno é esse sobre o qual você está caminhando que permite que esse inimigo ganhe vantagem estratégica. Mude o seu terreno — as circunstâncias que dão vantagem a esse inimigo — e veja a batalha mudar a seu favor.

2. Pratique a previsão. Olhe para algumas áreas da sua vida espiritual que o estão desafiando ou preocupando. Se nada mudar suas opiniões, atitudes ou circunstâncias, aonde você terá chegado com esses desafios daqui a um ano? Daqui a dois anos? Que efeitos eles terão sobre a sua vida? Que atitude você precisa tomar agora para mudar o futuro para melhor?

3. Você continua lidando há muito tempo com a mesma falha de caráter? Será que não é hora de se retirar dessa frente de batalha específica por algum tempo e abordar outro inimigo? Se você acha que sim, faça-o. Que benefícios você alcançará?

Sun Tzu disse:

Nada é mais difícil do que uma luta armada. A dificuldade da luta armada é aproximar as longas distâncias e transformar problemas em vantagens [...] Portanto, a luta armada é considerada vantajosa e, ao mesmo tempo, perigosa [...] Assim, uma força militar é criada pela ilusão, mobilizada pela vantagem e adaptada pela divisão e pelo agrupamento.

Portanto, quando ela se movimenta rapidamente, é como o vento, quando vai devagar é como a floresta; é voraz como o fogo, imóvel como as montanhas. Ela é tão difícil de se ver como a escuridão; seu movimento é como o estrondo de um trovão [...]

CAPÍTULO 7

Como Sobreviver à Batalha Espiritual

Não há nada mais difícil que uma luta armada contra um adversário espiritual, pois o inimigo atua contra o guerreiro espiritual por meio dos próprios pensamentos, sentimentos e impulsos do guerreiro. O combate espiritual é travado sobre o que a pessoa valoriza na vida e sobre o que escolhe amar sobre todas as coisas. O conflito interno de armas e armadura, que traz dor torturante e exaustão, é o confronto entre o que é mau e o que é bom, entre o que é falso e o que é verdadeiro, e entre o que é revigorante e ameaçador dentro da mente e do coração do guerreiro. Esse combate é travado quando se contrapõem forças no campo espiritual que lutam contra a vida e a alma da pessoa. Ainda assim, a batalha não é afastada da consciência do guerreiro espiritual. Ao contrário, é intensamente percebida. Toda colisão de forças espirituais, todo conflito, toda defesa individual e toda devolução de golpe de cada soldado nesse campo de batalha interior é concretizado nas memórias, julgamentos e escolhas do guerreiro. Portanto, a dor da batalha interior é real e aguda.

No calor da batalha, o guerreiro espiritual pode se sentir estraçalhado por desejos conflitantes. A batalha se torna um conflito do eu com o eu, ambos determinados a sobreviver e inclinados a destruir um ao outro. A luta pode tornar-se cansativa, aparentemente chegando ao ponto da morte, mas vale a pena travá-la.

Se na batalha um homem vence
Um milhão de homens
E um outro vence a si mesmo,
Este último é o maior dos vencedores.[1]

Em meio à fumaça e confusão da batalha, o guerreiro também pode ficar desorientado. O que é bom pode parecer mau e o que é mau pode parecer bom. O que é falso pode parecer verdadeiro e o que é verdadeiro pode parecer falso. Quando a batalha espiritual se intensifica, o guerreiro pode até mesmo ficar incerto a respeito da natureza do próprio inimigo. O perigo de se juntar às linhas do inimigo de uma pessoa e, na confusão, atacar as próprias tropas dessa pessoa, é uma possibilidade real. Atordoado pelo rumor da batalha, o mestre guerreiro precisa apegar-se rapidamente à estratégia da batalha e reunir coragem para perseverar.

O que é difícil numa luta armada é transformar o caminho longo e atormentador numa rota direta, e transformar a adversidade em vantagem. Mas as vantagens são importantes e inúmeras porque, por meio da vitória nesse conflito interior, o guerreiro conquista um campo espiritual e nova liberdade. Por meio da vitória no conflito espiritual, o guerreiro se torna forte, sábio e verdadeiramente espiritual. Desse modo, a luta armada pode ser vantajosa, mas pode, também, ser perigosa.

Portanto, no calor da batalha espiritual, o guerreiro precisa confiar nas manobras que enganam o inimigo, mas que são familiares ao próprio guerreiro. Para firmar seu terreno, avalie as vantagens em decidir seus movimentos e consolide suas forças para fazer mudanças estratégicas. No calor e na confusão da batalha, principalmente se você estiver sendo empurrado para trás pelo inimigo, você pode deixar de lado qualquer método específico de ação no campo, mas não a sua estratégia global. No combate espiritual, a percepção de realidade do guerreiro pode mudar de acordo com o curso inconstante da batalha. Uma pessoa pode se sentir numericamente superior mesmo enquanto estiver dominando o inimigo. Pode parecer que a vitória esteja perdida quando está prestes a ser conquistada. Em virtude do medo, do conflito, da falta de vontade e da covardia, alguns guerreiros espirituais desistem da batalha bem no momento em que estão se encaminhando para uma vitória. É o mesmo que jogar fora a vitória e abraçar a derrota. Portanto, saiba que, quando a fumaça da batalha traz confusão, as ilusões prevalecem. Em vez de estabelecer seus movimentos estratégicos sobre a fumaça e a obscuridade da guerra e sobre a incerteza do que acontecerá, confie no bom senso e no que você considerava verdadeiro antes de entrar no combate. Assim que a fumaça começa a se afastar e a poeira a se assentar, você pode então repensar sem correr o risco de cometer erros catastróficos no julgamento militar. Esse é o modo de sobreviver à luta armada no seu momento mais tumultuado.

É fácil tomar decisões claras a respeito do rumo da sua vida quando tudo parece estar indo muito bem e você não está lidando com nenhum desafio específico. É bem diferente quando você é lançado em meio à tentação e à batalha espiritual. Nesse momento, a confusão se inicia e, com ela, a tendência para deixar de lado as aspirações anteriores e apenas tentar alcançar imprudentemente o que parece uma rápida solução ou um compromisso que não parece tão difícil. Esse tipo de procedimento geralmente leva ao desastre.

Portanto, no calor e na fumaça da batalha, quando surgirem escolhas alternativas, mantenha seu plano inicial até que a batalha termine. Se a nova escolha parece certa, então analise-a com cuidado; mas se ela desaparecer, da mesma forma que o desejo desaparece, com a fumaça e a confusão, saiba que você escapou da derrota.

O fim do desejo é o fim do sofrimento
O tolo é o seu próprio inimigo.[2]

Num livro antigo de disciplina militar menciona-se que, no calor do conflito, "Palavras não são ouvidas; então címbalos e tambores ressoam. Devido à falta de visibilidade, bandeiras são erguidas". Esses artifícios foram utilizados pelos exércitos de antigamente no intuito de enfocar e unificar os olhos e os ouvidos dos soldados. Uma vez que as pessoas estavam unidas, o valente não precisava avançar sozinho, nem era permitido que o covarde se retirasse sozinho. Isso é uma alegoria que contém lições para o guerreiro espiritual. Da mesma forma que címbalos, tambores e bandeiras eram usados para enfocar e juntar exércitos, o guerreiro espiritual contava com marcadores espirituais e com meios de comunicação. Os ditados sábios, os ensinamentos religiosos, os mandamentos e a ordem espiritual das grandes tradições do mundo podem ser esses guias no meio do conflito. Repita-os mentalmente várias vezes, como se fossem um mantra, para manter o seu foco e permanecer unificado no seu propósito.

Num curso de Treinamento de Eficácia no Combate Espiritual, reunimos ensinamentos de sabedoria de vários escritos religiosos, de filósofos-guerreiros e sábios, e memorizamos aqueles que consideramos que possam nos ser úteis na batalha. Um homem disse que um ensinamento que ele usa todos os dias para distinguir o que é dele e o que lhe é imposto pela sua natureza obsessiva e compulsiva é o ditado de Sun Tzu citado anteriormente:

> Se você conhece o inimigo e a si mesmo,
> Você nunca estará em perigo em centenas de batalhas;
> Se você não conhece o inimigo mas conhece a si mesmo,
> Você às vezes vencerá e às vezes perderá;
> Se você não conhece nem o inimigo e nem a si mesmo,
> Você estará em perigo em todas as batalhas.

Outro "lembrete" que aprendemos no nosso treinamento de guerreiro espiritual é algo que encoraja o guerreiro a dizer todas as manhãs ao despertar:

> Hoje agirei sem expectativas;
> Lutarei sem agressão;
> Conclamarei um poder superior em minha ajuda;
> Confrontarei as forças das trevas na minha vida,
> E cantarei vitória.[3]

Tenho essa citação afixada na parede bem acima da minha cômoda. Não posso evitar de vê-la pela manhã e de usá-la. Ela me faz lembrar do que é importante na minha vida e do que eu quero fazer e defender naquele dia. Outro texto que uso com freqüência, principalmente quando entro numa batalha com medo e ansiedade, é o Salmo 23:

> O Senhor é o meu pastor: nada me faltará.
> Ele me faz repousar em pastos verdejantes.
> Leva-me para junto de águas tranqüilas;
> refrigera-me a alma.
> Guia-me pelas veredas da justiça
> por amor do seu nome.
> Ainda que eu ande
> pelo vale da sombra da morte,
> não temerei mal nenhum, porque estás comigo;
> o teu bastão e o teu cajado me deixam tranqüilo.
> Preparas diante de mim uma mesa
> na presença dos meus inimigos;
> unges minha cabeça com óleo; a minha taça transborda.
> Bondade e misericórdia certamente me seguirão
> todos os dias da minha vida;
> e habitarei na Casa do Senhor
> para todo o sempre.

Esses dizeres são úteis principalmente como lembretes em tempos de lutas difíceis, pois mantêm o guerreiro concentrado na direção correta. Do mesmo modo, reúna os seus próprios lembretes e familiarize-se com eles, de tal modo que você possa lembrar-se deles na batalha espiritual.

Mantenha a sua ligação com a Fonte durante todo o tempo. Mantenha as linhas de comunicação abertas e os suprimentos fluindo para o centro do conflito. Quando a comunicação com a Fonte é interrompida, a visão se perde, as diretrizes se confundem e a manobra fica entregue ao acaso. Perda de suprimento significa perda de poder e substância. A derrota é inevitável. Portanto, no conflito brutal, embora a atenção se concentre em cada movimento do inimigo, a sua posição em relação à Fonte deve ser conhecida todas as vezes, e a comunicação deve continuar aberta. Se a comunicação for perdida, ou se os suprimentos se exaurirem, recue e se reagrupe. Enfrentar o inimigo espiritual sem provisões suficientes e sem comunicação é um ato, não de bravura, mas de loucura. Morrer sozinho no campo de batalha espiritual, quando se poderia ter vivido a vitória, não é a marca de um herói, mas de um louco. Portanto, mantenha-se próximo à Fonte, especialmente em épocas de grande necessidade e adversidade.

> Ouvi, ó Deus, o meu clamor;
> atende à minha prece.
> Dos confins da terra
> eu Te invoco,
> quando me desfalece o coração [...]
> Porque és um abrigo para mim,
> uma torre forte contra o inimigo.
> Vou habitar em Tua Tenda para sempre,
> abrigar-me no amparo de tuas asas.
>
> (Salmos, 61: 1-4)

Ao entrar num terreno estranho, use os guias locais. Os que trilharam o caminho pelos quais agora você segue têm muito a oferecer na forma de conhecimento e apoio. Ao contar com guias locais, escolha os que travaram a batalha nesses mesmos campos e lograram a vitória. Essas pessoas não podem oferecer apenas conhecimento, mas também sabedoria. Elas podem ajudá-lo a ver o que você não pode ver por si mesmo. Elas podem dar-lhe a antevisão e a ajuda que falta contra o inimigo. Podem apoiá-lo quando você mais precisa de apoio, tanto em termos da direção a seguir como do moral.

Eu desfrutei da companhia de muitos bons amigos ao longo do caminho através de vários tipos de desenvolvimento espiritual e de grupos de apoio. Destes, o que julgo mais útil é o grupo de apoio dos homens que estiveram juntos por quase cinco anos. Conheço esses homens intimamente, e partilhamos nossas vitórias e derrotas, nossos sonhos e medos, pontos fortes e fracos. Eles zelam por mim e eu por eles. Eles me dão apoio e me mostram o caminho quando não posso ajudar a mim mesmo, nem ver com clareza. Eles ouvem e estão ali por mim. Minhas batalhas são mais fáceis por causa deles, e a vitória é mais certa.

É importante encontrar bons companheiros que possam apoiá-lo na sua jornada espiritual. Pense nas conseqüências úteis e agradáveis que podem ocorrer quando se tem um bom sócio, por exemplo. Os que tiveram maus parceiros aprendem da pior maneira como o caráter vem a ser importante. Sem coisas básicas, como integridade e confiança mútua, as relações cotidianas com o mundo dos negócios podem ser desagradáveis e, às vezes, um desastre. Por outro lado, entrar numa parceria com alguém que já percorreu uma estrada semelhante, alguém que é digno de confiança e não anda apenas com integridade mas com uma sincera consideração pela amizade — entrar nessa parceria será uma bênção e aumentará o potencial para todo o empreendimento. Isso não é diferente nas parcerias da vida em geral. Procure aquelas que trilham um caminho semelhante, com metas semelhantes, com pessoas predispostas a receber e dar apoio. As pessoas que têm muito em comum com você provavelmente travaram o mesmo combate com os demônios e conhecem os campos de batalha que você partilha. Elas podem ser-lhe de grande ajuda, e vice-versa. Como se afirmou no clássico militar chinês:

> Se você sofre da mesma doença dos outros
> E todos se ajudam;
> Se têm as mesmas emoções e se completam uns aos outros;
> As mesmas aversões e se ajudam mutuamente;
> As mesmas preferências e se buscam uns aos outros —
> Então, sem soldados com armadura
> Você vencerá.[4]

Sun Tzu diz que é bem possível que todo um exército inimigo possa ser desarranjado e que o seu comandante perca o ânimo. No momento da guerra, o moral do inimigo é alto; ao meio-dia, ele começa a declinar; à noite, esvai-se. Assim, o perito na guerra espiritual evita o inimigo quando o moral dele é alto e ataca quando o moral do inimigo é baixo. Fuja do inimigo pela manhã. Não marche em campos em que possam vê-lo. Ataque-o à noite, quando ele não puder juntar forças para derrotá-lo.

Usar a ordem para lidar com a desordem, praticar a calma para lidar com a impaciência, equivale a dominar o coração. Permanecer no seu terreno à espera de que o inimigo distante se aproxime, encontrar o inimigo cansado quando se está refeito, enfrentar o inimigo faminto quando se está saciado, envolve o domínio da força. Evitar o confronto com o inimigo superior em força é dominar a adaptação. A regra para as operações militares não é arrostar uma luta difícil, tampouco opor-se aos que conservam uma posição num terreno superior.

Não siga numa retirada dissimulada.

Não ataque tropas de primeira ordem.

Não morda a isca do inimigo.

Não impeça que o inimigo volte para casa; ao cercá-lo, deixe que tenha uma saída; não pressione um inimigo que esteja encurralado. Essa é a arte de sobreviver à luta armada.

Aquele que entende a tática de converter a rota tortuosa em direita terá a vitória. Nunca perca de vista a meta final, mesmo em tempos de frustração e dor. Haverá ocasiões na batalha em que o guerreiro sentirá que tudo está perdido. Não desanime. Esse é o momento decisivo da batalha. O fim está próximo. A vitória está ao seu alcance.

Esse, pois, é o fim do conflito espiritual. O espírito nascido da batalha se torna maduro e aprimorado. Ele adquire sabedoria e ainda cria e conserva o entusiasmo juvenil. Quando se movimenta rapidamente, é como o vento; quando vai lento e majestoso, é como a floresta. O espírito é tão feroz quanto o fogo contra os inimigos interiores; no entanto, tão imóvel quanto uma montanha. É tão imprevisível quanto uma sombra; sua ação é como o relâmpago e o trovão.

Outras Aplicações

Agarre-se à sua Estratégia

Um cenário em que me vi mudando de estratégia foi por ocasião do meu empenho em deixar de fumar ano após ano. Meu plano para uma época de paz era deixar de fracassar e nunca mais fumar. Às vezes, eu conseguia isso por alguns anos; mas então me pegava nos fins de semana típicos dos homens em que todos acendem charutos, ou depois de uma boa refeição com um amigo fumante que acendia um, e de repente a tentação se apoderava de mim. Em vez de contar com a percepção clara que certa vez tive de que qualquer contato com a nicotina seria um desastre, eu mudava de planos em segundos. O novo plano que eu adotaria enquanto acendia impulsivamente um cigarro, haveria de se basear na falsa premissa de que posso fumar um charuto ocasionalmente sem me deixar prender. Eu dizia a mim mesmo que eu só ia fumar aquele, ou talvez fumar uma vez por mês. Os charutos ou cachimbos, eu argumentava, não são o mesmo que cigarros. Mas com o charuto na boca, eu me tornava viciado imediatamente. O mesmo acontece com os alcoólatras. É fácil ver claramente as conseqüências de um drinque quando numa época de paz interior e sobriedade saudável. Mas quando a batalha está em vigor e o potencial para uma bebida se encontra de fato à mão, muitas decepções afloram e a pessoa pode cometer o erro de tomar essa bebida, acreditando de verdade que esse plano alternativo de batalha não é uma rendição. Nesse e em outros conflitos, quando as coisas parecem complicadas e você começa a pensar em planos alternativos, lembre-se de que ele é complicado porque você o faz assim, e apegue-se à estratégia que você tinha antes do começo da batalha.

Esse princípio também é verdadeiro nos relacionamentos. Eu acho que toda pessoa casada conheceu esse dilema numa época ou em outra do casamento, sendo posto em desafio pela possibilidade de infidelidade, real ou imaginária. Tornei-me particularmente consciente dessa batalha por meio de conversas íntimas com os que confidenciaram sua inclinação pelo sexo ou pelo relacionamento como vício. Eu acho que as pessoas estão compreendendo cada vez mais que o amor sexual e romântico pode ser tão vicioso quanto qualquer droga. Quem quer que tenha uma consciência aguda desse vazio sombrio no coração, o qual parece não poder ser preenchido, se voltará para tudo o que lhe traga certa sensação de completude e alívio, independentemente de quão efêmero ou nocivo seja para o relacionamento a longo prazo. Ou seja, essas pessoas farão isso até que comecem a tratar o assunto num nível espiritual, deixando que esse vazio seja preenchido com a cura de um Poder Superior. Mas isso só pode ser obtido por meio da perseverança na batalha espiritual.

Um homem me descreveu como amava sua mulher, como acreditava no seu casamento e como não queria fazer nada para magoar seus três filhos. Mas isso era quando não havia mulheres ao redor lhe dando atenção especial. Durante seus quinze anos de casamento, ele passara por uma série de relacionamentos com mulheres solteiras. Essas relações se tornavam cada vez mais íntimas e passionais, até que ameaçavam destruir o casamento dele, para não mencionar o dano potencial a ele mesmo e a essas mulheres. Depois que um desses relacionamentos na verdade quase destruiu-lhe o casamento, em sua luta para pôr em ordem de novo a sua vida, ele encontrou um grupo de pessoas que lidavam com o vício em termos de amor e sexo, e começou uma nova vida. Ao refletir sobre como ele costumava lutar contra suas próprias carências egoístas, sua lascívia e seu anseio equivocado de amor, ele compreendeu que parte de seu problema nesses relacionamentos era que ele mudava de planos no meio de sua batalha espiritual. Em uma conversa, ele explicou a questão desta maneira:

"Eu encontrava uma garota no trabalho e havia uma atração instantânea. Nesses momentos, me parecia bem claro que eu não queria me envolver de novo em algo pesado que atrapalhasse o meu casamento. Mas então, por ter uma natureza inclinada ao vício, eu supunha, a coisa não ia parar por ali. Nós começávamos a ter longas conversas, cheias de risos. Então, isso levava ao café no bar nos intervalos. E depois levava a um encontro depois do trabalho. Eu era um mestre em ser o bom ouvinte masculino, aquele que podia demonstrar piedade e amor incondicional. Isso por vezes fazia com que a garota se apaixonasse por mim.

A essa altura, eu me sentia no auge pelo amor e atenção que estava recebendo, mas não queria que fosse mais longe. De fato, eu compreendia que o que eu verdadeiramente não queria que acontecesse estava acontecendo de novo. Às vezes ia até mesmo mais longe, mas então, graças a Deus, ou eu começava a sair do relacionamento, ou a garota posteriormente perdia o afeto e me deixava.

"Mas a questão é essa. Eu tinha regras para mim mesmo, mas no calor da tentação eu me atrapalhava e as mudava. Uma regra era que era certo ter relacionamentos com o sexo oposto mas não falar sobre coisas sobre as quais eu não falaria com minha mulher. Outra regra era não me encontrar com mulheres fora do serviço nem em algum quase-compromisso. Uma outra regra era partilhar com minha mulher o que estava acontecendo se algum problema viesse à tona. Uma outra regra ainda era lembrar o quanto amo minha mulher e como não a queria trair daquela forma. De que maneira tudo saía errado? No meio da batalha minhas emoções interferiam, e as mentiras começavam a jorrar:

"Como uma xícara de café inocente do outro lado da rua haveria de ferir?

"Essa mulher precisa de mim. Não posso afastá-la tirando de nossa conversa os assuntos íntimos.

"Enquanto eu não tenho sexo com ela, posso ter um relacionamento saudável com ela e com minha mulher.

"Minha mulher não entenderia nosso relacionamento, de modo que acho que não vou falar com ela a respeito.

"A minha parte mais sensível continuava gritando, 'Esse não é o plano. Você está mudando as normas! Não funcionou antes. Não vai funcionar agora.' Mas em toda essa confusão eu começava a mudar o plano. Não seria tão óbvio quanto, 'Está certo, mude de planos, tenha sexo com ela'. Seria mais sutil, inocente, apenas uma mudança de perspectiva, uma pequena alteração do meu curso, mas inevitavelmente essas pequenas mudanças se somavam para deixar de lado grande parte do que eu de fato queria, ou pelo menos o que uma parte nobre de mim de fato queria da vida. Aprendi muito desde então. Aprendi que talvez eu não possa lidar com algo com que os outros lidam nessa arena. Presto atenção às coisas que me despertam e que me fazem continuar seguindo. Tento ser honesto comigo mesmo sobre meu lado obscuro, e falo sobre ele com as pessoas que me entendem. Também aprendi que a atração é uma parte natural da vida e que as batalhas interiores acontecerão trazendo toda sorte de ilusão. Nesses tempos, é suicídio mudar o plano. Agarre-se a ele, e a luta passará."

Tarefas

1. Todo guerreiro espiritual precisa de um momento de repouso e recreação. Ninguém pode sobreviver à guerra espiritual se estiver continuamente em batalha. Planeje um momento especial para deixar de lado sua rotina e se distrair. Se você não puder ter a coragem de fazer isso, você é um prisioneiro de um inimigo espiritual poderoso. Você deve agir. Planeje um dia do trabalho para descansar, se divertir, rejuvenescer. Se puder, reserve uma semana longe de casa só para você. Envolva-se com algo física e emocionalmente recompensador: uma massagem, sair para jantar fora, um cinema, algumas horas sozinho com um bom livro, ou algo mais só para você. Veja que diferença faz na sua visão da batalha.

2. Se você estiver no meio de uma batalha espiritual e, por causa da fumaça e do tumulto da guerra, estiver confuso sobre o que é verdadeiro e sobre quais decisões ou ações seriam mais benéficas espiritualmente, pare e reflita. Pergunte a si mesmo sobre aquilo que você acreditava que fosse uma decisão sensata e correta antes da batalha começar. Siga esse curso anterior até que a poeira assente. Então faça uma nova avaliação.

3. Você tem um confidente com quem partilhar algumas das suas batalhas? Todo mundo precisa de pelo menos um confidente. Procure alguém seguro, com os pés no chão e em desenvolvimento. Faça amigos. Se os seus inimigos espirituais forem vícios ou compulsões para os quais há grupos de apoio, junte-se a um deles. Você precisa de aliados na sua guerra espiritual.

Sun Tzu disse:

Não acampe em terrenos difíceis. Que sejam estabelecidas relações diplomáticas nas fronteiras. Não fique em territórios áridos nem isolados. Quando estiver em campo cercado, elabore sua estratégia. Quando em campo mortal, lute. Algumas rotas não devem ser seguidas, alguns exércitos não devem ser atacados, alguns fortes não devem ser sitiados; em alguns territórios não se deve lutar e determinadas ordens de governos civis não devem ser obedecidas.

Portanto, as considerações da inteligência sempre incluem os prós e os contra. Quando leva em conta as vantagens, seu trabalho pode se expandir; quando considera as desvantagens, seus problemas podem ser resolvidos [...]

Sendo assim, há cinco características perigosas num general. Os que estão dispostos a morrer podem ser mortos; os que desejam sobreviver podem ser capturados; os que se enfurecem muito depressa podem ser humilhados; os mais puritanos podem cair em desgraça e os que amam as pessoas podem ter problemas. Essas cinco características constituem falhas em generais e são verdadeiros desastres nas operações militares.

CAPÍTULO 8

Adaptações

Somente os flexíveis e capazes de se adaptar a várias circunstâncias, terrenos e manobras do inimigo serão vitoriosos. Pense nos relacionamentos amorosos. As pessoas que se casam acreditando que viverão felizes para sempre, sem refletir sobre o significado de um processo de contínua mudança, estão sonhando. O casamento tem a ver com adaptação e crescimento. O amor, com a vontade de ser flexível. O mesmo ocorre nos negócios: quando alguém perde a capacidade de se adaptar às tendências do momento, pode perder a guerra contra a concorrência. Enquanto as outras empresas respondiam à demanda do público por variedade, a Ford se recusava a adaptar-se, afirmando que as pessoas poderiam ter carros da cor que quisessem, contanto que fossem pretos. Essa inflexibilidade custou à empresa milhões de dólares e a perda da supremacia no mercado durante anos. Como essa inflexibilidade pode afetar as possibilidades espirituais de alguém? A pessoa deve se preparar para ser flexível em todas as circunstâncias. A preparação abre caminho para a flexibilidade, a flexibilidade abre caminho para a adaptação e esta para a vitória.

Ao preparar-se para as guerras espirituais, forme alianças com os que cruzarem o seu caminho e compartilhe interesses e objetivos comuns, pois eles podem tornar-se companheiros na batalha espiritual e confidentes por toda a vida. Procure aliados na esfera espiritual também, com forças divinas que ofereçam sua camaradagem e apoio, pois elas lutarão ao seu lado mesmo diante do mais selvagem ataque do inimigo, até a vitória ser conseguida. Como escreveu a bem-sucedida guerreira Helen Keller:

> Quando revejo a minha vida,
> Parece que os compromissos mais preciosos
> são os que eu nunca percebi.
> Meus relacionamentos mais queridos
> são os que estão na minha mente;
> Meus amigos mais leais, e que me ajudaram mais,
> são os do espírito.[1]

Ao preparar-se para o combate espiritual, não acampe em terrenos difíceis. Já é duro manter a posição num campo favorável quando se é atacado pelas forças de destruição. Quando se encontrar num campo cercado pelo inimigo espiritual, elabore a sua estratégia. Quando perceber que entrou num campo mortal, lute. Algumas rotas não devem ser seguidas, alguns exércitos espirituais não devem ser atacados, inimigos bem protegidos não devem ser abordados; em alguns territórios não se deve lutar, e determinadas ordens não devem ser obedecidas.

Assim, os guerreiros mestres que sabem se adaptar e tirar vantagem dos diversos campos de batalha, saberão como vencer a guerra espiritual. Os guerreiros espirituais que não se adaptarem, mesmo ocupando um território ao qual já estejam familiarizados, não saberão tirar vantagem dele. Mesmo sendo muito poderosos e sabendo o que poderão ganhar com a vitória espiritual, eles não conseguirão obtê-la.

Por esse motivo, o guerreiro sábio sempre leva em consideração os prós e os contras de cada manobra estratégica. Se ficar concentrado nas vantagens, o guerreiro sábio será mais útil e poderá atender a si mesmo e ao próximo. Se se concentrar nas desvantagens em potencial, conseguirá evitar o que possa causar sofrimento e resolver as dificuldades.

Quando alguém se vê diante de uma decisão difícil de ser tomada, é muito comum que gaste uma grande carga de energia emocional preocupando-se com o que deve fazer em vez de simplesmente utilizar a boa e velha disciplina militar para ajudá-lo a se decidir. Quando se trata de uma decisão profissional, familiar, sobre relacionamentos, negócios ou questões mais profundas da vida espiritual, às vezes basta sentar-se com uma folha de papel, ou ligar o computador, e juntar os prós e os contras de cada decisão para ter uma idéia melhor sobre qual a escolha certa a fazer. Um estrategista militar sabe que esse trabalho deve ser feito a fim de aumentar as chances de vitória e diminuir os riscos de uma catástrofe. O mesmo se dá em relação às decisões mais importantes da nossa vida.

Quais são as perguntas a que essa análise de prós e contras deve responder? Sem dúvida, são as relacionadas com as decisões mais importantes que tomamos na vida. Devo aceitar esse emprego? Devo me casar com ela? Já é hora de ter um filho? Devemos nos mudar? Será que o divórcio é a decisão correta? Seria inteligente enfrentá-lo? Será que é melhor aceitar esse acordo ou devo recuar? Será que desta vez devo cuidar de mim ou me anular de novo diante das necessidades dele? Será que vou dar conta de tudo? Mais tempo ajudaria? Essa é a coisa certa a fazer? Reservar algum tempo para analisar os prós e os contras de qualquer decisão só ajudará a clarear a mente e levará à melhor ação.

Conseguir adaptar-se significa estar aberto e determinado para redefinir cada circunstância, repensar cada estratégia e alterar o curso dos acontecimentos se necessário. Estar preparado para a guerra espiritual não significa ter certezas, pois elas podem transformar-se numa suposição irracional. O guerreiro mestre nunca entra na batalha com a convicção da verdade absoluta, pois a verdade é infinita e impenetrável, e mesmo o guerreiro mais sábio, na melhor das hipóteses, é finito e limitado no seu entendimento. O melhor é guiar-se pela fé. Ter fé na batalha é acreditar com humildade, pois, assim, a mente ficará aberta a todas as possibilidades. O desejo permanece intacto para agir de acordo com essas possibilidades. Por outro lado, entrar na batalha com a certeza de que conhece a verdade é entrar às cegas na briga. Aquele que diz "eu sei" nada sabe em comparação ao que diz "eu acredito".

Já houve muitos guerreiros espirituais em várias épocas que, em nome de seu Deus, e com certeza absoluta da verdade, usaram essa certeza como justificativa para perseguir quem tinha crenças diferentes. Quantas pessoas, em nome do seu Deus, condenaram outras que tinham outras convicções? Quantos olharam para pessoas com crenças diferentes como se elas valessem menos e pertencessem a uma classe inferior da humanidade? Quantos, na certeza de suas convicções, tiveram medo de outros com opiniões diferentes e até mesmo lhes colocaram o rótulo de diabólicos, agredindo-os com violência em nome da justiça? A resposta é: muitos. A verdade absoluta existe, sem dúvida, mas a certeza de que alguém possui esse conhecimento absoluto não vem de Deus, mas da arrogância espiritual, da intolerância, do medo e do ódio de outros. Essa crença é a propaganda do inimigo, divulgada entre os exércitos de espíritos para colocá-los uns contra os outros.

O guerreiro mestre aprende a se adaptar, não apenas para — ou mesmo durante — a batalha, mas também no caso de derrota. É exatamente nas ocasiões de derrota que o guerreiro espiritual não deve desistir, mas, sim, apegar-se à esperança, pois esta é real. Depois que o inimigo derrotar o guerreiro num determinado campo de batalha, a propaganda mentirosa começará. O inimigo espiritual faz uso de todos os meios para convencer o guerreiro de que tudo está perdido. Usando toda sorte de mentiras e histórias distorcidas, o inimigo se esforça por persuadir o guerreiro espiritual de que a guerra terminou e a derrota espiritual é permanente. Mas faça-o saber que, enquanto o guerreiro espiritual andar neste planeta, a luz da esperança brilhará no seu caminho e iluminará a sua estrada para a vitória. Nenhuma derrota é permanente, pois o Divino faz com que cada guerreiro possa se erguer da ruína para um novo campo. Se o guerreiro tiver força de vontade — pois é uma questão de escolha — cada dia será um novo começo e renovará a sua energia, trazendo força e oportunidades de vencer. Essa é a estrada para a vitória, mesmo em meio às dores da derrota:

> Ao iniciar um grande trabalho
> Você não pode querer terminar tudo de uma vez;
> Portanto... siga em frente,
> E não deixe que nada o desanime
> Até terminar tudo o que começou [...]
>
> Quanto a mim, prometo prosseguir,
> E mesmo que ventos contrários soprem com força no meu rosto,
> Continuarei em frente sem olhar para trás,
> E seguirei adiante
> Até terminar.[2]

Então, seja flexível em todas as situações. Em batalha, prepare-se para a vitória; se estiver derrotado, prepare-se para a batalha. A regra de operações militares não é supor que não haverá opositores, mas, sim, estar preparado para lidar com eles; não é contar que eles não irão atacar e, sim, confiar que possui o que não pode ser atacado; não é passar à servidão espiritual ao ser derrotado, mas recomeçar uma nova rebelião.

Existem cinco falhas nos guerreiros espirituais: os que estão dispostos a morrer espiritualmente podem ser mortos espiritualmente, pois têm o desejo interior de unir-se à escuridão; os que evitam o sofrimento da luta interior podem ser capturados, pois não demonstram ter força para o combate; os sujeitos ao remorso e ao pesar por perder uma batalha continuarão prisioneiros, pois poderão ser desonrados e obrigados a submeter-se; os mais severos podem cair em desgraça, pois poderão ser surpreendidos pelo inimigo; os que desejam agradar aos outros em detrimento do seu próprio bem-estar não combaterão suas próprias batalhas. Essas cinco falhas em guerreiros espirituais podem ser desastrosas na guerra espiritual. Quando estiver para entrar num combate espiritual, tente descobrir o *modus operandi* do seu coração. As intenções de uma pessoa podem mudar e seus objetivos podem ser revisados, mas ela nunca conseguirá reverter completamente a devastação de uma batalha fadada ao fracasso. Assim, quando avaliar as circunstâncias da guerra, sua análise mais profunda deve ser interior e o seu julgamento deve ser sábio. No guia clássico para estratégias, *Um Livro de Cinco Anéis*, Miyamoto Musashi nos aconselha:

> Com o espírito aberto e descontraído,
> Observe as coisas de um ponto de vista superior.[3]

Outras Aplicações

Considere os Benefícios e os Danos

Todos devem conhecer a história da esposa co-dependente que se vê presa num relacionamento com um parceiro cujo vício do álcool ou das drogas está destruindo suas vidas, mas que não pode agir de modo a levá-lo à cura. Mas pode parecer ridículo para alguém que não passou por essa doença ouvir que ela causa agravos à capacidade de raciocinar e de agir por si mesmo. Qualquer processo de análise ajudará com respeito a isso. Recentemente, ouvi a história de uma co-dependente em recuperação que usou a análise desse benefício/dano para ajudá-la a enfrentar o marido. Ela contou a história muito típica de observá-lo perdendo lentamente o controle de beber, o crescente distanciamento emocional, a linguagem agressiva para com ela e as crianças, o dinheiro desaparecendo, as mentiras, as desculpas. Ela ralhava com ele, mas tinha medo demais para enfrentá-lo e dar-lhe um ultimato. Ela sabia que essa era a única alternativa viável que restava para que ela salvasse a si mesma e à sua família e desse a ele a oportunidade de recuperar-se. Mas a idéia de um ultimato a assustava. Ela dizia que o amava e não queria magoá-lo ameaçando deixá-lo. Além disso, ela tinha medo de que, se ele não reagisse, os filhos não quisessem acompanhá-la, e, para onde ela iria? Às vezes ela sentia que talvez viver naquela situação fosse melhor do que viver sozinha, ou ferir os filhos com um "divórcio confuso".

Contudo, ela procurou certa vez um conselheiro e ele sugeriu que ela se sentasse e tomasse nota dos benefícios e dos danos das duas decisões. Qual seria o benefício e qual o dano de não dar nada? Qual seria o benefício e qual o dano de fazer o ultimato e ir além das ameaças, se ela tivesse de ir? Ela descobriu que quando fez a soma dos danos potenciais de não fazer nada, sua mente já estava determinada. Quando ela atentou para os benefícios potenciais de obrigar o marido a reagir a esse tipo de intervenção, ela percebeu que o risco valia a pena. Também compreendeu que mesmo nas piores condições ela não estaria vivendo mais uma mentira e que, quer gostasse ou não, ela sentia que o confronto a essa altura era a "coisa certa".

Antes de enfrentá-lo ela falou com os filhos, com os parentes mais próximos do marido e com dois amigos em quem sentia poder confiar. Os filhos dela estavam presentes para o embate. Enquanto ela falou com o marido, assim o fez pautando-se pelo amor e também com uma sensação de firmeza que não tivera antes. A primeira reação dele foi de descrença; depois, de tristeza. Então ele disse: "Vou pensar sobre isso e lhe darei uma resposta amanhã." Ela concordou. No dia seguinte, ele disse: "Tenho uma viagem para Atlanta no sábado, mas prometo que vou para uma clínica de recuperação quando eu voltar." Ela acreditou na palavra dele. Ele voltou, foi para uma clínica e tem estado sóbrio há três anos. Nem tudo transcorreu tranqüilamente depois disso, porque a vida não funciona dessa forma; mas eles estão bem, e ela, na verdade, tomou a decisão correta, com a ajuda de um processo simples envolvendo a análise dos benefícios e dos danos de sua decisão.

Tarefas

1. Ao se deparar com uma decisão difícil que lhe afetará a vida terrena e espiritual, pergunte a si mesmo: quais são os benefícios e danos dessa decisão? Se ajudar, faça uma análise dos custos do benefício. Veja se isso ajuda na sua decisão.
2. Aprenda a ser aberto e flexível. Como exercício, pense em alguém acerca do qual você tem pensamentos e sentimentos negativos. Coloque-se na pele da outra pessoa. Torne-se essa pessoa na sua imaginação, e cultive a empatia. Pode ser-lhe útil cultivar certa tolerância para com essa pessoa, e isso com certeza lhe dará uma compreensão maior.
3. Não tenha nunca um plano para fracassar; mas, se você sofrer uma derrota espiritual, elabore um plano para começar de novo. Isso pode ser tão simples quanto prometer para si mesmo: "Independentemente do que aconteça nas minhas batalhas espirituais, o próximo dia começará de maneira nova e com a confiança em que o Todo-Poderoso vai cuidar de mim."

Sun Tzu disse:

Sempre que você designar um exército para observar um inimigo, afaste-se das montanhas e permaneça perto dos vales. Observe a luz; fique nas alturas. Ao travar combate numa colina, não a escale [...] Comumente, um exército gosta de lugares altos e não aprecia os terrenos baixos, valoriza a luz e despreza a escuridão.

Tome cuidado com a saúde física e permaneça onde há abundância de recursos. Quando não há doença no exército, diz-se que ele é invencível [...]

Sempre que o terreno apresentar abismos intransponíveis, cercos, prisões, armadilhas, perigos e fendas naturais, você deverá partir rápido e não se aproximar dessas coisas [...] Quando as árvores se movem, o inimigo avança; quando há muitas tocaias ocultas, a direção está errada. Se os pássaros levantam vôo, há armadilhas ali. Se os animais se assustam, há quem os ataque [...]

Capítulo 9

Manobra Estratégica

Sempre que viajar por territórios desconhecidos, fique atento à perspectiva de novos inimigos espirituais. Cada nova situação comum traz novos desafios espirituais, bem como bênçãos. Você deve continuar alerta e constantemente consciente. Ao calcular a natureza de algum novo terreno, observe a luz do modo como ela interage com a sombra. Isso o ajudará a entender a disposição do terreno. Ao se estabelecer num novo território, permaneça no terreno elevado e evite o terreno baixo. Se você procurar algo que sabe que é inferior ao que lhe parece melhor, a você e aos outros, vocês se tornam vulneráveis ao ataque. Se você se posiciona no terreno inferior, pode terminar travando uma batalha tendo de subir a colina, batalha difícil de vencer; mas quando você escolheu o terreno mais elevado em que repousar, se convocado para a ação militar, você leva consigo o impulso da terra, já que suas forças descem na batalha.

De modo geral, o mestre guerreiro sempre busca o terreno superior e evita o inferior, preza a luz e despreza as trevas. Isso não significa que o mestre guerreiro ignore as sombras, pois quando elas são ignoradas a pessoa amiúde se afunda nas trevas. Mas há uma diferença entre reconhecer as trevas e adotá-las. É a diferença que existe entre envolver inimigos espirituais e favorecê-los. Conhecer as sombras individuais e envolvê-las é a marca do mestre combatente. Conhecer as sombras individuais e favorecê-las é acolher as trevas e atrair a destruição.

O mestre guerreiro busca o terreno comum em que o alimento espiritual está disponível. O mestre guerreiro conserva a vitalidade e o vigor do espírito buscando aliados espirituais, amizades saudáveis e ambientes agradáveis, que revigoram o espírito e conduzem a um estado de paz interior. Tome cuidado para conservar também a boa saúde física, pois o corpo é o fundamento da alma. Um espírito vigoroso conta com um corpo saudável que o contenha e ampare. Quando não há nem doença espiritual nem física nos mestres guerreiros, diz-se que eles são invencíveis. Thomas Carlisle observou:

> A má saúde, do corpo ou da alma, é derrota [...]
> Só a saúde é vitória.[1]

Sempre que você se deparar com um terreno comum que tenha abismos intransponíveis, reentrâncias naturais, armadilhas e fissuras, você deverá evacuar a área depressa e ficar longe dali. Metaforicamente, essas coisas podem ser vistas em locais de trabalho, de recreação, nos relacionamentos e até no ambiente familiar. Ao se deparar com esses perigos a pessoa talvez os despreze como não tendo conseqüências para a vida espiritual, admitindo que são apenas vicissitudes que, se encaradas, não apresentam ameaça imediata. Mas essas vicissitudes convidam o ataque espiritual e colocam o guerreiro em perigo. Se a intuição militar lhe disser que certa situação ou terreno não parecem adequados, preste atenção. Tome providências para evacuar a área, pois, se hesitar e for atacado, sua fuga será violenta, prolongada e sangrenta, desnecessariamente.

Seguir nessa situação perigosa é criar a amizade ou alianças nos negócios com aqueles que, por defeito de caráter, causam danos a você e aos outros. Continuar nessa situação perigosa é adentrar um ambiente que reacende o seu comportamento compulsivo vicioso. Continuar nessa situação perigosa é deixar que os outros o levem a circunstâncias que estão além do seu controle, onde você pode ser usado pelos outros ou até sofrer abusos deles. Qualquer situação em que as pessoas e o ambiente possam levar o guerreiro espiritual ao perigo constitui um campo de batalha perigoso e deve ser evacuado tão cedo quanto possível.

Ao manter o olho no inimigo, atente para os movimentos dele no chão e para sinais que indicam seus avanços. Um guerreiro espiritual veterano pode antecipar o movimento de um inimigo pela experiência com esse inimigo em batalhas anteriores. Você pode aprender, com manobras inimigas no passado, o que ele fará no futuro. Memorize os tipos de ataques pelos flancos e a estratégia dele. Quando você vir os sinais, aja conformemente. Se adentrar um terreno semelhante àquele onde a batalha foi travada antes, prepare-se para ser atacado de novo do mesmo modo, ou com uma variação no ataque inimigo suficiente apenas para tirá-lo da guarda. Ao penetrar nesse terreno, saiba que, se aconteceu uma vez, acontecerá de novo. O inimigo é previsível nos campos de batalha comuns. Se você precisa atravessar esse terreno, fique longe dos lodaçais e dos arbustos emaranhados e rastreie a terra em busca de armadilhas, espiões, inimigos e emboscadas. Mova-se depressa. A inação nessas circunstâncias é um convite ao ataque e quase sempre traz a derrota.

O que segue são alguns princípios básicos sobre examinar o inimigo na guerra. Esses princípios podem não só ser úteis para conseguir uma estratégia contra os oponentes espirituais mas também podem ensinar o guerreiro a entender as manobras de qualquer oponente, quer nos negócios, quer numa competição esportiva, quer em quaisquer competições na vida. Estude-os e aprenda os segredos da observação na batalha espiritual.

Se você sabe que o inimigo está perto e continua em silêncio,
Ele ocupa uma posição estratégica

E atacará se você continuar ali.
Se ele parece estar à distância,
E no entanto o provoca,
Ele quer que você avance até a sua armadilha.

Se você o encontra em campo aberto no solo plano,
Ele está escondendo alguma vantagem militar secreta.

Se você percebe uma mudança forte
No seu ser interior,
Ele está vindo.

Se muitos pensamentos conflitantes
Afloram à sua consciência,
Ele está emboscado.

Se sentimentos de horror brotam do seu ser,
Ele está planejando um ataque surpresa.

Se ele manda mensagens amistosas,
Mas continua a se preparar para a guerra,
Ele atacará.

Se ele de repente recua na batalha,
Quando a vitória ainda não foi decidida,
Ele o está atraindo para a morte.

Se o inimigo vem e vai
Casualmente no campo de batalha,
Ele está enfraquecendo.

Quando ele envia poucas tropas
Nas fases subseqüentes da batalha,
Ele está exausto.

Quando as forças espirituais o confrontam vigorosamente, mas não entram na batalha e também não partem, você deve observá-las com o máximo cuidado. Deve se preparar para uma batalha violenta, porque elas atacarão com força e resistência. Esse é o começo de uma contenda prolongada que não se pode evitar. Nessas contendas, as medidas defensivas são tomadas e a ênfase deve estar na autopreservação. Comumente, num caso assim, há algum problema profundamente enraizado por trás disso no seu inconsciente. Talvez você tenha se deixado apoderar pelo medo em certa circunstância, mas então ele desaparece. Você pergunta a si mesmo: "Por que ele veio?", mas, o mais importante é se perguntar: "Para onde ele foi?" Ele se vai. Você sabe que ele derivou de alguma fonte obscura. Ele retornará, a menos que a fonte seja revelada. Uma pessoa que sofra de fobia, por exemplo, pode sentir medo a ponto de se enfraquecer em certas ocasiões, tais como quando está em ambientes fechados, ou talvez em lugares altos; no entanto, o medo passa quando as circunstâncias se desfazem. O guerreiro espiritual deve prestar atenção e tomar cuidado. Ademais, o guerreiro deve agir. Traumas infantis, condicionamentos que causam desequilíbrio, até mesmo desequilíbrio químico, podem ser os inimigos que atacarão de novo num segundo, quando houver oportunidade. A pessoa precisa levar a sério esses embates, e, se eles persistirem, buscar ajuda de pessoas qualificadas.

Com alguns inimigos espirituais, a melhor estratégia é uma forte postura defensiva e tempo. Se você perceber que não pode derrotar certo inimigo, adote uma posição estratégica e defensiva em que o inimigo não possa derrotá-lo. Que ele exaura seus recursos e enfraqueça suas forças tentando. Não são muitas as forças espirituais capazes de vencer uma batalha prolongada contra um oponente bem protegido. O tempo será o fator mais importante e conferirá a vitória. Ele não só cura as chagas mas também vence as batalhas. Não ataque um inimigo que você não possa derrotar rapidamente, mas, quando seus exércitos são inferiores em número, assuma uma postura defensiva e espere. Se puder "comprar" o tempo suficiente, poderá comprar a vitória. Por exemplo, se for ofendido ou magoado por alguém e souber que sua reação instintiva de devolver o golpe será de todo destrutiva, dê tempo a si mesmo para se curar, perdoar, e essa raiva de retaliação passará sem derramamento de sangue. Isso é verdadeiro para outras tendências destrutivas. O tempo não só vence as batalhas; ele também as evita.

Na guerra espiritual, não é necessariamente a força que dá a vantagem. Basta que você não aja irrefletidamente e seja capaz de se abrir para a fonte superior de poder, ter uma imagem clara do inimigo e buscar apoio dos aliados terrenos. Só quem não tem nenhum plano e não leva a sério o inimigo será com certeza capturado.

Outras Aplicações

Permanecer Alerta e Consciente o Tempo Todo

O ataque do inimigo espiritual é mais amiúde de surpresa. É raro que o inimigo interior se anuncie no campo de batalha. Em vez disso, comumente ocorre que flanamos distraídos pela vida afora, esquecidos de nossos inimigos espirituais. O medo, a raiva, a luxúria, a culpa, a depressão, a autopiedade, a insegurança e muitos outros inimigos usam a surpresa como sua estratégia principal contra o bem-estar de nossa alma. Ignorantes das situações em que por vezes nos colocamos, nós nos pomos de emboscada. Eu sei que posso escorregar na ingenuidade e passar pela vida com vendas nos olhos, apenas para descobrir que me coloquei, inadvertidamente, numa situação que permitiu que o inimigo me atacasse.

Uma questão em que tenho trabalhado é a de ter limites emocionais apropriados. As pessoas me dizem que eu uso as minhas emoções nas minhas luvas. Minha tendência ao encontrar uma pessoa é confiar nela imediatamente, tornar-me seu amigo e abrir o meu coração a ela, apenas para descobrir que às vezes fiz um julgamento errado sobre o seu caráter e posteriormente sofrer de algum modo por causa de suas ações. Isso aconteceu comigo no início da minha carreira, quando eu estava tentando dar início a uma novíssima congregação em Chicago. Lembro-me de ter conhecido dois casais em particular que vieram ansiosamente para a igreja, demonstrando alegria pelo que estava sendo oferecido nos nossos cultos. Certa vez, ouvi um casal dizer que eles nunca tinham freqüentado uma igreja por mais de um ano, e um outro afirmou claramente que eles eram verdadeiros buscadores, sem nunca se ligarem a uma afiliação religiosa; mas eu deixei essas afirmações passarem por mim enquanto eu gozava a alegria de ter duas novas famílias unindo-se à nossa florescente congregação. Isso não era incomum, mas, como eu estava inclinado a baixar a guarda de todas as emoções ao fazer amigos, tive um relacionamento com esses dois casais durante mais de dois anos, durante os quais eu me tornei dependente de seu apoio físico e emocional. Um dos casais dirigia a escola dominical e o programa da escola maternal, comandava o comitê responsável por alimentar os sem-teto e era membro do meu conselho. O outro casal me adotou e à minha mulher, Cathy, como nossos bondosos guardiães, não apenas nos convidando para a sua casa, a fim de conhecer nossas esperanças e sonhos quanto à igreja e de tomar parte na nossa luta, mas também cuidando de nossos filhos e vestindo-os com jaquetas novas no inverno, levando-nos para jantar uma vez por mês, bem como tornando-se nossos confidentes. Já que eu tinha baixado a guarda completamente, fiquei arrasado quando ambos os casais disseram que estavam deixando a igreja e se mudando para novos horizontes. Disseram-me que não era nada pessoal e que eu deveria ter sabido que eles partiriam porque eles praticamente haviam dito isso no começo. A mim e à minha mulher foi necessário um ano para que nos recuperássemos da perda não apenas de seu apoio físico à igreja, mas, o que é mais importante, de seu apoio emocional.

Ora, isso pode ser inteiramente normal; mas enquanto eu estava lambendo as minhas feridas, compreendi que a profundidade da minha tristeza e depressão era minha própria culpa. Eu tinha na verdade ouvido os conselhos, e os ignorei. Agora, refletindo sobre o comportamento deles nos dois anos em que estiveram associados à igreja, pude ver que houve sinais durante todo o tempo indicando que eles partiriam e que eu estava numa fossa emocional funda demais para me recuperar com facilidade. Se eu tivesse sido mais atento e se tivesse prestado atenção ao que esses casais diziam, bem como a minha reação a eles, eu teria poupado a mim e à minha igreja grande parte da dor por que tivemos de passar fazendo simplesmente algumas adaptações.

Isso é só um exemplo da minha inconsciência em termos de relacionamentos e limites emocionais. Há muitas histórias que eu poderia contar, mas durante vários anos trabalhei nesse problema. Em vez de entrar ingenuamente num novo relacionamento entregando-me às emoções, abeiro-me do novo relacionamento com consciência positiva. Presto atenção ao que se diz. Na verdade, pode-se aprender muito com as primeiras impressões. Presto atenção à história dessa pessoa, do modo como ela me está sendo contada, e aos gestos e reações à minha conversa. Pergunto a mim mesmo: "O que essas informações me ensinam sobre essa pessoa?" Essa prática me ajudou a tomar decisões conscientes no que tange a relacionamentos saudáveis.

Há muitos modos de criar a consciência, não só nos relacionamentos, mas também no conhecimento das circunstâncias que podem propiciar o ataque do inimigo espiritual. No Vietnã, os soldados falavam de ter "o olhar de mil jardas", quando eles se exercitavam em observar o horizonte distante à procura de possíveis emboscadas. As pessoas podem fazer a mesma coisa com o espírito, prestando atenção não só nas circunstâncias no horizonte que podem causar conflitos interiores, mas também em seus próprios pensamentos e sentimentos à proporção que cruzam novos territórios em suas vidas. Um modo que ensinei no meu treinamento de batalha espiritual no que concerne a permanecer espiritualmente alerta versa sobre como tornar-se alerta fisicamente. Exercícios tais como sentar-se no bosque e meditar sobre as diversas paisagens e sons que se notam, ou entrar num quarto familiar com a tarefa de observar algo novo nele, ou mesmo ouvir música atentando para os diversos instrumentos, sons e harmonias, tudo isso são formas de desenvolver a consciência. Meditar enquanto se presta atenção especial ao próprio corpo e ao ponto em que a tensão se concentra — ao ponto em que se localiza a dor, o medo, a paz ou a alegria — essas coisas também são meios de se tornar consciente do seu próprio ser. Todos esses exercícios ajudarão a pessoa a ficar em vigília, não apenas de modo natural, mas espiritual, porque, quando se cria o hábito de estar alerta das maneiras mais variadas, o espírito tem uma tendência maior para ficar em vigília e alerta. É possível que se venha a ter um "olhar de mil jardas" espiritual e saudável. De acordo com Castañeda:

> O homem comum é consciente de tudo
> Apenas quando acha que deve ser;
> A condição do guerreiro, no entanto,
> É estar atento a tudo, sempre.[2]

Tarefas:

1. Analise o ambiente ao redor, o ambiente natural e espiritual. Esse ambiente é saudável? Ele cria oportunidades para o desenvolvimento espiritual? Que mudança você poderia fazer para melhorar o seu ambiente? Comece a fazer essas mudanças agora.
2. Aprenda com os erros passados. Faça uma lista de três a cinco atitudes que você tomou na vida e que hoje você considera erros que atrapalharam o seu desenvolvimento espiritual e lhe trouxeram mágoa, e talvez aos outros. Arrole de três a cinco lições que você teve que aprender por cometer esses erros. Esse processo o ajudará a criar vitórias futuras a partir do conhecimento adquirido com derrotas passadas.
3. Envolva-se em algum tipo de atividade física regular ou exercício. Um corpo saudável de fato ajuda a mente a continuar saudável. Caminhe regularmente e ande de bicicleta, entre num clube, jogue tênis, treine por alguns minutos na sua casa. Qualquer uma dessas atividades, ou semelhantes, farão grande diferença na sua capacidade de enfrentar o seu inimigo espiritual com força.

Sun Tzu disse:

Alguns terrenos podem ser transpostos facilmente; em outros você fica preso. Alguns terrenos oferecem uma compensação. Alguns são estreitos; outros escarpados; outros amplos. Quando ambos os lados podem ir e vir, diz-se que o terreno pode ser transposto com facilidade. Quando assim for, tome sua posição primeiro, escolhendo o lado alto e ensolarado, conveniente para proporcionar rotas para a vantagem na batalha [...]

Entre as forças militares há aquelas que se precipitam, que se demoram, que caem, que desmoronam, que fazem arruaça e as que são derrotadas. Não se trata de desastres naturais, mas de erros dos generais [...]

Portanto, os que conhecem as artes marciais não erram quando se deslocam e não se esgotam quando se levantam. Assim se diz que, quando você conhece a si mesmo e aos outros, a vitória não corre riscos; quando você conhece o céu e a terra, a vitória é inexaurível.

Capítulo 10

Como Transpor o Terreno

O terreno é a terra pela qual você anda enquanto está neste mundo. É o lugar em que você descobre novos países, o contexto em que trava suas batalhas espirituais, o solo em que constrói a sua vida e a sua casa. É o local de onde você veio e o destino de todos os seres terrenos. Assim foi escrito:

> Com o suor de teu rosto
> Comerás o teu pão
> Até que retornes ao solo,
> Pois dele foste tirado.
> Pois tu és pó
> E ao pó tornarás.
>
> (Gênesis 3:19)

O mestre guerreiro não ouve essas palavras como um castigo, mas como uma afirmação do fato e até como uma bênção. Às vezes, a vida é difícil, e as batalhas que o guerreiro depara são reais, mas também são reais as vitórias e a felicidade genuína que se seguem. O guerreiro espiritual é o pó da terra, e ao pó voltará, quando o corpo não portar mais o espírito, mas dormir na terra. Somos mais do que hóspedes nesta terra; somos aparentados a ela e podemos nos beneficiar muito da consciência desse parentesco.

Ser uma coisa só com a terra é ser uma coisa só com a nossa Mãe, em toda a sua beleza, majestade e poder criador; portanto, conheça a terra, conte com ela, assim como a criança conta com a mãe. Aprenda com a terra, assim como o aluno aprende com o professor. Ame a terra, respeite-a, assim como o adulto ama e respeita o pai. O mestre guerreiro não é um estranho para o terreno comum, mas se torna intimamente envolvido com ele. O guerreiro espiritual, embora aspirando aos planos superiores da realidade, tem firmes raízes na terra, e dela aprende e apreende muitas coisas.

A terra não está distante do espírito. Embora separado na dimensão, o espírito repousa na terra; essa é a imagem dele. Portanto, o mestre guerreiro adquire o conhecimento de todos os tipos de terreno para lograr uma vantagem estratégica quando na batalha e para buscar e achar repouso na sua beleza e solidão em tempos de paz. Conseguindo a terra como aliada, o mestre guerreiro está sempre em casa, nunca está só e tem apoio contínuo, independentemente de quão distante é a jornada ou de quão remoto é o campo de batalha. A Terra, o Sol, a Lua e os astros nunca estão mais longe do que o chão sob os pés ou do que o ar sobre a cabeça.

Na preparação para a guerra espiritual, ouça a terra, o vento, as árvores e os pássaros voando. Antigamente, a natureza era a revelação dos verdadeiros guerreiros espirituais. Embora muitas revelações tenham sido escritas e muitas verdades estejam contidas nelas, o Divino não parou de falar com essa voz primordial e original. Deus criou esta terra, e a imagem de Deus está sobre ela. É possível ver Deus nela, e Ele se comunica através dela. Por essa razão, já se disse:

> Cada coisa criada é, por natureza, um receptáculo de Deus.
> Ela pode fazer isso porque foi criada em Deus por Deus;
> E por ter sido criada assim,
> É uma analogia e é como uma imagem de Deus num espelho.[1]

O vento entoa um cântico diferente a cada dia, de acordo com o clima mutável e as condições do tempo. As árvores sussurram sua mensagem de acordo com o vento e sua melodia. Os pássaros vão e vêm com o vento e emitem seu canto de uma árvore sussurrante a outra. Cada qual tem sua própria mensagem, e cada mensagem é diferente de um dia para outro e em cada momento do dia. Para quem não está alerta, essas canções parecem sem nexo e irrelevantes; para o guerreiro espiritual, elas são muitos sinais e símbolos atiçando os pensamentos e a consciência do guerreiro. Os mestres combatentes do passado, sem estar apartados de seu ambiente, eram capazes de discriminar as várias mensagens de suas melodias. Algumas confirmavam a escolha do caminho espiritual. Outras advertiam que o inimigo estava próximo e para que se tomasse outro caminho. Outras ofereciam alegria e consolo. Outras, honra. Outras ainda revelavam escárnio e aversão quanto a iniciar uma reflexão mais profunda e a auto-reflexão. Para muitos guerreiros antigos, os próprios animais eram mensageiros do Divino. Quer vistos numa jornada ou num sonho, eles ofereciam ajuda, companheirismo e um conhecimento secreto para o guerreiro usar na batalha iminente.

Embora os ventos superiores da dúvida soprem forte sobre o espírito do guerreiro de hoje, as melodias mais suaves que oferecem introvisão e sabedoria ainda podem fazer o coração do guerreiro se animar. As árvores continuam a sussurrar e os pássaros cantam como outrora. Aprenda a abrandar os pensamentos entre as batalhas e a acalmar as emoções que enfraquecem a audição e a percepção do espírito. Fique em silêncio na floresta e nos campos do terreno, e ouça. Ouça e observe. Você ouvirá com os seus ouvidos e verá com os seus olhos, mas será o seu coração que captará as coisas e as entenderá. Reúna-se ao mundo à sua volta, e você poderá enfrentar os ventos da dúvida e marchar com a força de mil aliados contra o opressor espiritual, com a força da terra e a sabedoria dos céus. Assim, em solidão e humildade, você convocará seus aliados na terra, assim como Alce Negro falou:

Ouçam-me, quatro cantos do mundo —
Sou um parente!

Dêem-me força para trilhar a terra macia,
Um parente de tudo o que existe!
Dêem-me olhos para ver e força para entender,
Que eu posso ser como vocês.
Só com o poder de vocês é que enfrentarei os ventos.[2]

Embora a natureza possa ser um aliado na batalha, o guerreiro espiritual percorre muitos tipos de terrenos comuns que oferecem muitos desafios. Cada nova situação, cada novo embate, cada reviravolta do destino e cada novo empenho levam a um novo terreno que o guerreiro terá de atravessar. Muitos deles são terrenos para batalhas interiores, assim como cada situação produz seus próprios desafios e situações difíceis. Há batalhas espirituais a serem travadas e guerras espirituais a serem ganhas. O mestre combatente domina o terreno e, assim fazendo, domina a batalha.

No que diz respeito à guerra espiritual, geralmente há seis tipos de terrenos de batalha: o acessível; o que causa dificuldades; o que leva a um beco sem saída; o que é estreito; o que é íngreme; e o que é escancarado. Entender esses seis tipos de terreno é da maior importância.

1. O terreno acessível é aquele em que você pode se movimentar facilmente para dentro e para fora da batalha, mudando as circunstâncias e as condições da vida diária. Por exemplo, se você escolhe combater a preguiça trabalhando de maneira mais diligente no escritório, ou ser mais gentil com os colaboradores, você se movimenta no terreno acessível. Entrega-se a essa batalha por sua própria escolha e a abandona também por sua escolha. Você pode se movimentar livremente e ter plenos poderes para mudar seu comportamento.

2. O terreno que causa dificuldades diz respeito a situações nas quais você se vê em meio a uma batalha pela qual não esperava e da qual é difícil escapar. Apanhar-se num relacionamento sexualmente conturbado com uma pessoa que não o seu cônjuge é, por exemplo, lutar num terreno que complica. Isso é particularmente verdadeiro se ela é alguém com quem você terá de trabalhar regularmente.

3. Terrenos que levam a um beco sem saída parecem não proporcionar nenhuma vantagem nem a você nem ao seu adversário espiritual.

Neles, você não perde terreno, mas não parece ganhá-lo. Por exemplo, você trabalha para pôr em ordem a sua linguagem ou os seus pensamentos vagos, e, apesar de tudo, não parece ter piorado nem melhorado. Isso é um beco sem saída.

4. Quando o caminho é estreito, você entende claramente a direção que deve tomar, mas não tem muitas opções quanto ao modo como chegar lá. Parece que há apenas um caminho — sempre em frente. Você deve pressionar para a frente, por mais ameaçadora que seja a aparência do inimigo interior que está impedindo o seu caminho. Por exemplo, o caminho é estreito quando o único modo de se curar é romper com um relacionamento malsão, ou quando o comportamento vicioso requer abstinência quanto à substância que causa o vício. Só há uma solução e ela deve ser seguida. Trata-se do único modo de ganhar terreno.

5. No terreno íngreme, quando você ocupar a posição superior, a batalha às vezes se voltará a seu favor, porque a terra o favorecerá; contudo, quando o inimigo traz a força da terra, precipitando-se sobre as suas forças, você será derrotado. Os guerreiros que se vêem em circunstâncias em que são seduzidos, ludibriados ou induzidos ao comportamento destrutivo caíram num solo íngreme. Se você estiver confuso, aprenda com seus erros no seu posicionamento da batalha, e siga em frente. Se emboscado nessa circunstância, não desperdice a sua força nem a sua resolução sentindo vergonha. A situação não poderia ser evitada. Se ela ocorrer repetidamente, deixe o território. Você não está prestando atenção à configuração do terreno.

6. Em campo aberto para a batalha, quando as circunstâncias criam muitas oportunidades para o avanço e também muitas oportunidades para os reveses, não é vantajoso desafiar um inimigo espiritual. A direção ainda não está clara. Aguarde numa posição defensiva até que a situação se defina ou até que você seja atacado. Essa estratégia deixa o inimigo com a escolha infeliz de encerrar suas próprias opções enquanto deixa as suas intactas. É como a parábola do fazendeiro que achou que o seu inimigo havia semeado joio com o trigo do fazendeiro. Este não retirou o joio, até que ele cresceu e pôde ser visto claramente e arrancado sem causar dano ao trigo. Da mesma forma, o guer-

reiro espiritual deve esperar até que o inimigo tenha se comprometido com seus planos tornando conhecida a sua posição. Para alguns, isso é chamado de "chegar ao fundo", se não na realidade, na imaginação. Assim, o inimigo pode ser confrontado e desalojado na batalha. Como Lao Tzu ensinou:

> Se você quiser encolher algo,
> Deve primeiro deixá-lo se expandir.
> Se quer livrar-se de algo,
> Deve primeiro deixar que floresça.[3]

Assim, entre os guerreiros espirituais, há os que se precipitam e os que se detêm, os que caem e os que desmoronam, os que estão no caos e os que são derrotados. Essas coisas não são desastres naturais, mas de preferência erros dos próprios combatentes.

Os que têm o poder de derrotar certo inimigo espiritual, mas só usam uma parcela de sua força, estes correm. Os que são emocionalmente fortes, mas fracos em suas decisões, estes detêm-se. Os que são rápidos para tomar decisões, mas são fracos em termos de vontade, estes caem. Os que agem impulsivamente ao lidar com o inimigo espiritual, envolvendo-se irrefletidamente com um e depois com outro sem discriminação, estes desmoronam. Os de moral fraca e frouxa, sem praticar nenhuma disciplina espiritual e sem se concentrar no inimigo espiritual, em pouco se acham no caos. Os que não podem avaliar a força de seus inimigos espirituais e ignoram sua própria força e fraqueza, estes são os derrotados espiritualmente.

Essas são as seis formas pelas quais a derrota espiritual certa se dá. Elas são da responsabilidade máxima do guerreiro espiritual e devem ser inteiramente examinadas.

O terreno comum é do mesmo sangue e um aliado, na vida e na batalha espiritual. Conhecer a terra, tornar-se consciente dos desafios e benefícios do terreno da batalha, avaliar a situação do inimigo no terreno e criar condições que levem à vitória, esses são os modos pelos quais o combatente militar superior age. Aquele que luta com total conhecimento desses fatores fatalmente vencerá; o que luta sem esse conhecimento fatalmente perderá.

Portanto, quando os que entendem a guerra espiritual se põem em movimento, eles não tomam o caminho errado e, quando agem, não chegam a um beco sem saída. Lembre-se destas palavras de Sun Tzu:

> Se você conhece o outro e se conhece,
> A vitória não estará em risco;
> Se você conhece a terra e o céu,
> A vitória pode ser total.

Outras Aplicações

Conseguir a Terra como um Aliado

Uma das minhas lembranças da infância é a época em que passei um dos meus primeiros fins de semana longe do lar, na casa de verão de um amigo nas montanhas de Catskill. Na segunda noite, tive muita saudade de casa. Meu amigo tinha uma irmã mais velha, Liz, que tinha estado cuidando de nós e jogando conosco durante o fim de semana. Ela percebeu como eu estava ficando intimidado e retraído e me perguntou se eu estava com saudade de casa. Quando eu disse que sim, fez um gesto para que eu saísse com ela para ver o céu à noite. Enquanto olhávamos as estrelas, ela me disse que também costumava sentir muitas saudades. Sua família se havia mudado muitas vezes por causa do emprego do pai, e ela sempre sentia muita falta do lugar que eles deixavam para trás. Depois ela me pediu que olhasse para as estrelas. E disse: "Quando eu ficava sozinha, sempre saía e olhava para as estrelas. Penso nelas como minhas amigas. Elas sempre estão lá para me saudar, não importa onde eu esteja. Posso estar do outro lado do país mas, quando olho essas estrelas, elas me dizem que ainda estou em casa." As palavras dela me deram bastante paz, mas eu não tinha idéia de como elas haveriam de ser importantes para mim na época.

Crescendo em meio aos bosques, caçando nas montanhas cobertas de neve da Pensilvânia, familiarizando-me com o ponto de vista dos nativos dos Estados Unidos, e tendo-me educado na religião de Swedenborg — que ensina que a natureza é um espelho em que se pode contemplar a face de Deus — cresci para ver e sentir profundamente que o mundo natural não é só a minha casa mas um amigo e um aliado em minhas batalhas espirituais. Deus criou o mundo da natureza de tal forma, que ele pode nos apoiar, alimentar, ensinar e revelar a presença e o zelo de Deus.

Cheguei a essa forma fundamental de perceber a natureza gastando muito tempo nela e me familiarizando com suas obras. Recomendo essa prática a qualquer um que se empenhe em viver em espírito e integridade. Quando se pode chegar à sensação de que não somos um estranho ao mundo natural, mas estamos muito perto dele, as verdadeiras lições começam. Para mim, essas lições e a sensação de ajuda que recebo não vêm da mente mas do coração. Aprendi isso com a orientação de um bom amigo, um perito em *tracking*, Jerry Finkeldey. Perguntei-lhe: "Como posso aprender com a natureza? Posso ver que a natureza é capaz de me ensinar tantas coisas, mas não parece que eu possa entender o que está sendo ensinado." Ele me disse de chofre: "A terra fala com uma voz diferente. Você tem de ouvir com um ouvido diferente. Ouça com o coração." Essa lição acertou o alvo em cheio muitas vezes depois dessa conversa. Comecei a tornar um hábito sair para a quietude da natureza, sobretudo em épocas de tensão no trabalho. Quando minha mente começava a girar e eu perdia contato com o meu Criador e com o sentido de minha vida, eu sabia que era tempo de me voltar para os bosques. Eu procurava um canto tranqüilo, sentava-me e simplesmente absorvia o que estava acontecendo ao redor. Pela prática da observação da natureza com o coração, depressa descobri que a mensagem absorvida pelo meu ser era de paz e concentração. Enquanto os esquilos e outros roedores, os cervos e os pássaros de toda sorte reapareciam perto de mim, sentindo que eu era seu parente, conheci a mensagem da Mãe Terra num nível celular: "Tudo está certo no mundo de Deus. Você está no lugar certo na hora certa." Voltando para a natureza, sobretudo num esforço de me recompor das batalhas espirituais e de me revigorar, encontrei um aliado, um parente. Não importa aonde eu vá, sempre posso olhar para o céu, ou sentir o chão sob os meus pés, e saber que o meu aliado está comigo.

Tarefas

1. Ligue-se à terra. Encontre um lugar na natureza, mesmo que precise trabalhar para chegar lá. Sente-se calmamente e sozinho, e ouça. Não se entregue às fantasias, mantenha-se alerta. Perscrute o horizonte, olhe para as árvores e para o céu, observe intencionalmente. Enquanto isso, deixe que a natureza lhe fale e flua em você com seus ritmos brandos. Primeiro, sinta a paz. Quando tiver prática, procure perceber o profundo sentido do que você ouve, sente e vê. Se for capaz, torne seus passeios pelo mundo natural um hábito.

2. Preste atenção aos pássaros e animais que encontra, quer isso aconteça na natureza, nas revistas ou na televisão. Essas coisas são símbolos e representantes de coisas espirituais. Se você achar que algumas aves, animais ou símbolos em particular aparecem regularmente, aprenda sobre essas coisas; estude-as. O que elas podem significar para você? Observe que parte elas desempenham na sua vida e como o seu relacionamento com elas se desenvolve.

3. Aprenda a se conhecer: Faça uma breve descrição do seu lado nobre. Conheça o seu inimigo. Faça uma breve descrição das tendências destrutivas que atrapalham a sua vida e o seu bem-estar. Como essas características se relacionam? Tem alguma idéia disso?

Sun Tzu disse:

De acordo com a regra para operações militares, há nove tipos de campo. O campo onde os interesses locais entram em conflito entre si no seu próprio território é chamado de "campo de dissolução". Quando você entra em terreno alheio, mas sem avançar, você está num "campo leve". O terreno que pode ser vantajoso para qualquer pessoa que o consiga, é chamado de "campo de conflito". O terreno onde você e outras pessoas podem circular livremente é chamado de "campo que pode ser percorrido". O terreno rodeado em seus três lados por adversários que dariam ao vencedor o acesso a todos os povos do continente é chamado de "campo de intersecção". Quando você adentra profundamente em terreno alheio, passando por cidades e povoados, este é conhecido como "campo difícil". O terreno onde existem florestas montanhosas, encostas íngremes, pântanos ou qualquer caminho de difícil tráfego é chamado de "campo ruim". O campo cujo caminho de acesso é estreito e o caminho de saída é tortuoso, de modo que um pequeno exército inimigo pode atingi-lo, mesmo que você esteja em vantagem numérica, é chamado de "campo cercado". Quando, para sobreviver, faz-se necessária uma ação imediata, você está num "campo mortal".

CAPÍTULO 11

Campos de Batalha

Há vários tipos de campos de batalha nos quais você irá enfrentar o inimigo espiritual: (1) o campo de dispersão, (2) o campo afastado, (3) o campo disputado, (4) o campo estrategicamente vital, (5) o campo difícil, (6) o campo onde você se encontra vulnerável a emboscadas e (7) o campo mortal.

1. O campo de dispersão: O guerreiro espiritual entra no campo de dispersão ao se deparar com uma situação que divide a mente e confunde as intenções, dispersando os pensamentos em direções diferentes. Diante de escolhas, das quais todas parecem ter a mesma importância, o guerreiro espiritual fica paralisado ao ponto da inação. Esta verdade é ilustrada na história hebraica de Elias, que testemunhou os filhos de Israel entre a adoração a Baal e a outros deuses locais que, supostamente, traziam abundância e felicidade, e a devoção a Yahweh, o Deus que os conduziu em cada passo de sua jornada. Afligidos pela indecisão, eles oscilavam entre esses dois pólos opostos, incapazes de decidir a quem jurar devoção. Assim, com escárnio, disse-lhes Elias: "Até quando coxeareis entre duas opiniões?" (1 Reis 18:21). Enquanto relutarmos em escolher as ações, permaneceremos no campo de dispersão. A pessoa que se vê numa relação desarmoniosa, porque avalia as coisas boas e ruins do mesmo modo, permanece no campo de dispersão.

2. O campo afastado: Lutar num campo afastado é empunhar a espada em defesa do não-essencial. Perde-se um tempo valioso e iniciativa com um inimigo espiritual insignificante, enquanto um inimigo espiritual maior e mais importante continua a fazer cair sua agressão sobre você e dentro de você. É como se você se preocupasse só com coisas fúteis e fosse negligente com as fundamentais. É se ocupar com o banal para evitar o chamado para uma batalha maior e, dessa forma, para o potencial de uma nova liberdade. Vi esse traço especialmente em relação ao clero nos meios acadêmicos, onde alguns membros se viam envolvidos em grandes discussões sobre quantos anjos podem dançar na cabeça de um alfinete, enquanto mundos pegam fogo ao seu redor. Essa é uma fuga da realidade e constitui uma negação concentrar-se em banalidades intelectuais, mesmo a respeito da vida de alguém, e fazer segredo de questões de ordem pessoal, como mudança, trabalho árduo e amor. Todo guerreiro precisa se perguntar: "Estou lutando por algo essencial ou estou gastando o meu tempo com banalidades?"

3. O campo disputado é aquele no qual o guerreiro espiritual luta por um novo território e muda o seu comportamento de destrutivo para benéfico e altruísta. Essa é uma batalha na qual o inimigo espiritual luta com fúria, pois, uma vez conquistada a vitória, o inimigo é banido desse campo particular. Trata-se de um esforço pelo domínio de um território contíguo. Abandonar um mau hábito ou aprender a perdoar alguém são batalhas que acontecem no campo disputado.

4. O campo estrategicamente vital: Os guerreiros espirituais estão lutando por um terreno estrategicamente vital quando se encontram numa situação na qual precisam mudar impulsos, modos de pensar e comportamentos, caso contrário perderão mais terreno do que o que já haviam conquistado. Se os guerreiros não destruírem seu oponente espiritual, irão sofrer muito, chegando ao ponto de perder o amor dos outros, a reputação, a utilidade ou mesmo sua missão na Terra. É por isso que a batalha se torna estrategicamente vital para a continuidade de sua jornada e bem-estar. Os que combatem o vício e o comportamento compulsivo travam batalha nesse campo.

*5. **O campo difícil***: Lutar num campo difícil é tentar dominar um inimigo espiritual em circunstâncias difíceis. Isso envolve estar numa situação em que os movimentos são restritos, as escolhas limitadas e as armadilhas prevalecem. Esses são geralmente conflitos internos, em que o guerreiro espiritual não tem uma escolha clara de ação e qualquer decisão parece deixar algo a desejar. No entanto, alguma decisão precisa ser tomada para evitar um desastre ainda pior.

*6. **O campo vulnerável*** a emboscadas é um campo perigoso. Entrar nele é colocar-se em posições abertas ao ataque espiritual. Significa entrar em território inimigo imprudentemente e sem um plano de ataque. Nessas circunstâncias, o guerreiro espiritual é cercado pelos inimigos e pode encontrar dificuldade para escapar. Isso acontece quando o guerreiro espiritual entra em situações que são então suscetíveis de despertar tendências internas destrutivas, que atacam de forma descontrolada. Isso implica fazer escolhas, criar hipóteses e cultivar relações que se tornam perigosas à vida espiritual e ao bem-estar.

*7. **O campo mortal***: O campo a que você irá sobreviver espiritualmente se lutar com todas as forças é o campo mortal. Ele descreve um período em que o guerreiro espiritual não tem outra escolha, a não ser lutar com toda a força e propósito para derrotar um inimigo espiritual; caso contrário, o resultado é a morte espiritual. Trata-se de um esforço real de vida ou morte na área espiritual. É o período em que o guerreiro espiritual enfrenta uma escolha clara entre servir os propósitos do mal ou os propósitos do bem, entre escolher as trevas ou a luz.

Tendo conhecimento desses campos de batalha, atente para o seguinte:

Não deixe que haja nenhuma batalha no campo de dispersão; esquive-se e examine com mais cuidado a situação até que as opções fiquem mais claras.

Não deixe que haja demora no campo afastado; enfrente o verdadeiro inimigo e experimente a verdadeira vitória.

Deixe que haja estabilidade no campo disputado; se novos territórios podem ser conquistados, a paz poderá reinar nas novas regiões.

No campo estrategicamente vital, forme alianças; pois a batalha é muito grande para lutar sozinho, e os investimentos são muito altos para não pedir ajuda.

No campo difícil, prossiga; quanto mais rápido você passar para um campo melhor, menor será a oportunidade para desastres.

Evite o campo vulnerável a emboscadas; se acidentalmente entrar nesse terreno, saia o mais rápido possível. Se estiver cercado, planeje uma fuga.

Quando estiver no campo mortal, há apenas uma alternativa: lute.

Portanto, a psicologia do guerreiro espiritual é resistir quando estiver cercado, lutar quando não puder evitar e obedecer aos mais altos comandos quando se encontrar em perigo.

A guerra espiritual ocorre de tal forma que é de fundamental importância agir. Essa é a chave para impedir o inimigo espiritual de controlar e ganhar espaço dentro do seu ser e da sua vida. Faça com que o inimigo tente adivinhar cada passo seu mantendo-o, assim, na defensiva. Aja rapidamente e você poderá estar à frente do inimigo nos campos de batalha, o que propicia uma vantagem estratégica. A mudança espiritual que leva à vitória é conseguida por meio da ação e nada mais. Arrisque-se agindo. Walter Scott observou isso claramente:

> Uma hora de vida,
> Completamente cheia de ações gloriosas,
> E cheia de riscos nobres,
> Equivale a anos inteiros
> De observância de um decoro sem valor.[1]

Em geral, quanto mais você penetra em território inimigo, derrotando o adversário espiritual, mais forte se torna a sua resolução e mais claro o seu propósito. Quanto mais você penetra em território inimigo, maior sustentação você descobrirá ao longo do caminho. Saqueie os campos ao redor e você terá amplas provisões. É importante que você cuide de si mesmo durante a jornada, especialmente ao cruzar território inimigo e ao integrar um novo campo na sua vida espiritual. Embora você trave novas batalhas, haverá momentos de paz e rejuvenescimento. Alimente-se da alegria e do prazer. Mantenha palavras de conforto e de esperança na mente e no coração. Pondere sobre elas. Descanse entre as batalhas e alegre-se nas vitórias. Cuide do corpo e da alma; ambos o levarão aos caminhos da vitória e da consolação. Quando entrar em terreno inimigo, dê o melhor de si se for convocado para a batalha, mas não mergulhe na tristeza se derrotado. Aprenda com a derrota, e prepare-se para um novo dia e uma nova batalha com vistas à vitória. Diga ao seu inimigo o que foi dito pelos antigos guerreiros espirituais:

> Não se rejubile contra mim,
> Ó meu inimigo:
> Se eu cair,
> Levantar-me-ei.
>
> (Miquéias 7:8)

Em todos os campos de batalha, que o coração continue determinado na missão que se apresenta e a mente continue concentrada na vitória.

Outras Aplicações

Formando Alianças

Quando estiver em campo estrategicamente vital, forme alianças, pois a batalha é muito grande para você combater sozinho e as barreiras, altas demais para não pedir ajuda. Depois de trabalhar com tantos homens e seus problemas durante mais de uma década, além de trabalhar com vários grupos de recuperação e crescimento espiritual, eu sei o quanto é fácil para as pessoas, mas principalmente para os homens, se isolarem no que diz respeito ao sofrimento da batalha espiritual. Os homens costumam ser educados com a idéia de que devem internalizar sua dor, escondê-la dos amigos, para não demonstrar sua fraqueza e vulnerabilidade, e lutar sozinhos. No meu trabalho com homens, tento mostrar-lhes que suas batalhas secretas não são tão exclusivas e que a ajuda de aliados e mentores espirituais só está à espera de que eles estendam a mão com confiança. Uma das formas que eu utilizo para abordar essa questão em seminários é pedir aos duzentos, trezentos homens presentes que fechem os olhos e entrem em contato com o próprio sofrimento. Faço com que coloquem as mãos sobre o peito e repitam em silêncio: "Estou sozinho." Peço-lhes para entrar em contato com essa solidão interior e pergunto-lhes se essa solidão é um conhecimento secreto que só eles têm. Será que eles gostariam de ver outros homens sentindo o que eles estão sentindo e de saber que esses homens podem ajudá-los? Ainda com os olhos fechados, peço que levantem as mãos aqueles que sentem essa solidão e querem pedir ajuda. Então, peço que abram os olhos e olhem em volta. Não há um homem na sala com a mão abaixada e o segredo da agonia interior não é mais um segredo. Eles percebem que não estão sozinhos e que podem começar a estender a mão a outros homens.

As mulheres parecem formar alianças com mais facilidade e demonstram vontade de estender a mão a outras mulheres, expondo suas necessidades e vulnerabilidades. No entanto, independentemente do sexo, formar alianças — seja em grupos de apoio, mentores, amizades especiais formadas de acordo com nossos princípios espirituais — ajuda imensamente o guerreiro espiritual. Contar a minha história no contexto de um desejo por integridade e crescimento pessoal compartilhado ajuda não somente a me entender melhor, mas também me torna responsável por outra pessoa. Eu posso mentir a mim mesmo, mas é mais difícil mentir para oito ou nove pessoas sobre os meus pontos fracos e os meus esforços para combatê-los. Sei que, quando ouço outras pessoas falando do fundo do coração sobre suas lutas — inteirando-me de suas histórias de derrotas, tristezas e medos, de esperanças e aspirações, conhecendo a sua criança interior e seu eu sombrio — sinto uma espécie de cura acontecendo dentro de mim. Não só percebo que elas estão contando a minha história, mas creio que a empatia que sinto por elas é que me traz a cura. A sensação de que somos todos um em nossas lutas e o ato de compartilhar essa união nos cura e faz com que sigamos em busca das mudanças necessárias em nossa vida espiritual.

Qualquer um pode se beneficiar juntando-se a um grupo de pessoas que queiram se dedicar a uma disciplina ou caminho espiritual, seja um grupo de 12 passos, de guerreiros espirituais ou de apoio genérico para a vida espiritual. Para os que estão lutando num campo estrategicamente vital, onde a derrota significa a diferença entre a vida e a morte, entre o sucesso ou o fracasso pessoal, a pergunta é: "Será que consigo enfrentar esta luta sem aliados?" A resposta para muitos que sofrem com enormes e poderosos inimigos espirituais é clara: confiar em aliados espirituais para obter apoio pode ser a única chave para a vitória. Isso já funcionou com milhões de pessoas em grupos de 12 passos e em outros grupos de apoio pelo mundo afora, e vai funcionar com você.

Tarefas:

1. Estude os diferentes tipos de campos de batalha descritos neste capítulo. Refletindo sobre a sua vida, há tipos de terreno em que você está travando a maior parte das suas batalhas interiores? Há uma razão para esse modelo? Ele é benéfico a você ou nocivo? Que passos você pode dar para fazer as mudanças necessárias no seu posicionamento estratégico?
2. Uma das maiores barreiras ao desenvolvimento espiritual é a inação. Reflita sobre a sua condição espiritual. Há um aspecto em sua vida em que você está em pé de igualdade com o seu inimigo espiritual? Escolha um tipo de ação apropriada para se envolver com esse inimigo com determinação e comece-a imediatamente. Observe como ela pode fazer uma diferença rapidamente.
3. Concentre-se no seu objetivo. Reserve tempo para determinar a natureza exata do que você gostaria de fazer. Faça disso uma imagem tão concreta quanto possível. Faça a lista de algumas metas a alcançar. Trabalhe com a finalidade de alcançá-las.

Sun Tzu disse:

Há cinco tipos de ataques pelo fogo:
queimar pessoas, provisões,
equipamentos, armazéns e armas [...]
Os exércitos precisam saber que há adaptações
desses cinco tipos de ataque pelo fogo e
aderir a eles de modo científico.

CAPÍTULO 12

O Fogo Espiritual

O fogo é usado como arma de guerra. Isso também é verdadeiro na guerra espiritual, mas o fogo espiritual é que é usado na batalha. O fogo espiritual é a chama do amor. Quando usado pelo inimigo, ele se torna a chama do amor pelo eu, pelas posses materiais, pela autocomplacência, pela luxúria e pela gratificação pessoal. Em sua forma mais destrutiva, esse fogo espiritual se torna ódio e assume suas qualidades destruidoras. As forças do mal usam esse fogo para incendiar os baluartes da virtude, da moralidade, da amabilidade, da empatia e da piedade. Trata-se de uma arma para ser temida, pois ela pode consumir a medula da mente e da alma, não deixando ao guerreiro espiritual nada além do invólucro vazio de um ser humano. É preciso tomar cuidado para não deixar que o inimigo se aproxime com esse fogo. Quando fogos desse tipo são ateados pelo inimigo no acampamento da alma e do ser do guerreiro espiritual, todo esforço deve ser feito para extingui-los de pronto, pois eles podem depressa fugir ao controle, gerando danos inacreditáveis.

Mas há um outro tipo de fogo que não é nocivo. Trata-se de um fogo que não consome a vida. Um fogo que aquece, rejuvenesce e dá vida e sentido a todas as coisas no mundo do guerreiro espiritual. Trata-se do fogo do amor.

O amor pode ser definido de várias maneiras. Ele é a vida de tudo que está vivo e respira. É a energia que vive e se movimenta dentro de todas as coisas. É a força motriz do bem no guerreiro espiritual. É o que o faz sonhar com a vitória e a paz e com uma vida melhor para todos. É a inspiração que move o guerreiro espiritual com coragem ao abismo para combater os adversários espirituais. E é o amor que traz a vitória definitiva e os derradeiros frutos da vitória. O amor é o desejo de servir e a paixão desenfreada de dar o que é seu, em todos os níveis, para o próximo, a fim de proporcionar a felicidade de outros e abençoá-los. O amor é a própria vida do guerreiro espiritual. Tal como foi escrito:

> Ainda que eu falasse as línguas dos homens e dos anjos,
> E não tivesse amor,
> Seria como um sino que soa ou um címbalo que retine.
> Ainda que eu tivesse o dom da profecia,
> O conhecimento de todos os mistérios e toda a sabedoria;
> E tivesse tanta fé
> A ponto de transportar montanhas,
> Se eu não tivesse amor,
> Eu nada seria.
> Ainda que eu doasse todos os meus bens,
> E entregasse o meu corpo às chamas,
> Se eu não tivesse amor,
> De nada adiantaria.
> O amor é paciente e bom;
> Não tem ciúme nem é orgulhoso;
> Não é arrogante nem rude.
> Não procura o seu próprio interesse;
> Não se irrita, não guarda rancor;
> Não se alegra com a injustiça,
> Mas se alegra com a verdade.
> O amor tudo desculpa,
> Tudo crê,
> Tudo espera,
> Tudo suporta.
> O amor jamais passará.
>
> (1 Coríntios 13:1-8)

Na batalha espiritual, é o amor que sofre ataques com mais freqüência. As forças das trevas detestam aquilo que o guerreiro espiritual mais ama, e golpeiam com fúria para tentar acabar com essa grande arma de vida espiritual. As forças das trevas têm raiva do amor e o combatem com ódio e determinação. Pois se o amor puder ser subjugado, tudo será subjugado. Se o amor for destruído, tudo será destruído. No entanto, o poder do amor é tão infinito e onipotente quanto a sua Fonte. É o amor que resiste até o fim e é ele que subjuga todos os adversários espirituais.

O guerreiro espiritual não precisa se alarmar quando o âmago de um ser e tudo o que ele ama é assaltado por forças malignas. Não se trata da evidência de uma lacuna no plano de batalha do guerreiro espiritual, nem de uma estratégia mal preparada. Não significa que as boas intenções viraram más intenções, nem representa a descoberta de uma aspiração equivocada por uma vida melhor. O que alguém ama, seja a humanidade, a liberdade de todas as pessoas, um companheiro ou uma criança, a justiça, a misericórdia, a virtude ou a paz — esse amor é o que o inimigo irá atacar. Mas, ainda assim, é esse amor que dá ao guerreiro espiritual força para permanecer na luta até o fim, quando a vitória finalmente é alcançada. Pois, como arma, o amor, assim como a água, é a mais suave de todas as substâncias e, apesar disso, consegue moldar todos à sua maneira. Lao Tzu observou:

> Nada no mundo
> É tão suave e flexível como a água.
> Mas para dissolver o duro e inflexível,
> Nada pode superá-la.
>
> A suavidade sobrepõe-se à dureza;
> A gentileza supera a rigidez.
> Todos sabem que isso é verdade,
> Mas poucos a põem em prática.[1]

O amor é posto em prática pela eliminação do ódio e da condenação, removendo-se o desejo de dominar os outros e servir a si mesmo. Remova as barreiras contra o amor e ele fluirá livremente pela consciência e pela vida. Fluirá pelos atos de bondade, doação, perdão e misericórdia, em sermos úteis e defendermos o que é espiritualmente precioso para todos.

Isso se torna o cerne da coragem no guerreiro espiritual e permite que ele creia e lute por uma causa maior que ele mesmo, encarando a face da morte e abrindo as portas para uma nova vida. Existem quatro amores básicos:

Amor por si mesmo
Amor pela matéria
Amor pelo próximo
Amor pelo Divino

Esses quatro amores existem em todos os guerreiros espirituais e, quando estão na ordem correta, trazem felicidade e vida espiritual. Quando fora de ordem, são um convite para o ataque inimigo. Esses amores estão fora de ordem quando o amor por si mesmo reina supremo na vida e nas ações do guerreiro espiritual, quando todas as suas ações visam a si próprio e à autopromoção. Esses amores estão fora de ordem quando o guerreiro espiritual considera o ganho material como a recompensa mais importante, pois isso fecha o caminho vertical em direção à espiritualidade e quebra a comunicação com a Fonte. Mesmo quando o amor ao próximo reina sobre tudo, sem consideração pelo Divino, o guerreiro espiritual se torna um servo dos outros, e a dependência da aprovação alheia pode atrapalhar a sua capacidade para avançar no genuíno caminho espiritual. *Tao Te Ching* nos lembra:

Se procurarmos realização nos outros,
Nunca nos realizaremos por completo.[2]

O guerreiro deve servir ao Rei, não às pessoas. Ele serve ao Divino e à sua causa. Quando corretamente ordenado, o amor ao Divino reina no hábil combatente, seguido pelo amor ao próximo como criado desse amor maior, seguido então pelo amor e respeito pelo mundo material e, finalmente, por si mesmo. Quando essa ordem é alcançada, o guerreiro espiritual torna-se perfeito, um nobre guerreiro e um mestre no combate. Sobre essa fundação, o guerreiro não poderá ser tocado pelo inimigo.

Embora o amor seja atacado pelo inimigo espiritual, é pela luta que ele se purifica, cresce e se torna perfeito. Arrastando-se em meio à fumaça da guerra espiritual, os objetivos ficam mais claros. Atravessando as linhas inimigas no calor dessa guerra, a devoção se fortalece. Fatigado por essa guerra, o poder do guerreiro espiritual se transforma numa poderosa força do bem. Suportando a dor da guerra espiritual, o prazer fica ainda mais doce. Mantenha-se firme até o final, sabendo que, com essa luta, o que é frágil se torna poderoso e a angústia da batalha dá passagem ao êxtase do triunfo.

Outras Aplicações

O Amor Subjuga Todos os Inimigos Espirituais

Na batalha espiritual, é o amor que sofre ataques com mais freqüência. Entretanto, é ele que resiste até o fim, e é o amor que subjuga todos os adversários espirituais. Nesses anos de trabalho como pastor, aconselhando as pessoas, tenho visto inúmeros homens e mulheres aflitos por não se julgarem bons e acreditarem que seus inimigos espirituais os derrotaram. Essas pessoas dizem isso porque se tornaram extremamente conscientes desses inimigos, que parecem atacar tudo o que amam — seja o amor pelo cônjuge, pelos filhos, por servir ao próximo ou por agir com integridade. Elas sentem que, como estão enfrentando uma grande tentação ou batalha espiritual, devem estar erradas ou devem ser más. A primeira coisa que lhes digo é que essa preocupação toda é um bom sinal. Pessoas acomodadas numa vida de desordem ou corrupção não passam pela tentação ou pela batalha. Elas se limitam a agir de acordo com suas tendências destrutivas. A preocupação de alguém com seu estado espiritual, por outro lado, muitas vezes é o início do seu renascimento e crescimento.

Emmanuel Swedenborg nos ensina em seus livros que, na batalha entre anjos e demônios pela alma humana, os demônios atacam aquilo que mais amamos. Atacam o amor mútuo, a integridade e a retidão; por serem maus, eles não suportam esse tipo de coisa. Enquanto eles atacam, os anjos protegem aquilo que amamos; na luta que se segue e pelas escolhas que fazemos entre o bem e o mal, nosso amor se fortalece, conforme enfrentamos os desafios a ele impostos. Se você acredita ou não em anjos e demônios é escolha sua, mas o princípio é o mesmo. Faça a si mesmo a seguinte pergunta: "Se eu não me importasse com o meu casamento, por que estaria lutando contra a tentação de acabar com ele?" "Se eu não gostasse da minha filha, por que lutaria para me aproximar dela com maturidade e calma, e não com a raiva que tantas vezes sinto no meu coração?", "Se eu não quisesse agir com integridade, por que lutaria por fazê-lo?" A resposta é que o inimigo, seja ele nossa sombra ou demônios, ataca nossa porção mais nobre, no esforço de nos derrubar. Conhecendo essa verdade, encontramos conforto nela. Ainda precisamos lutar contra esses ataques, mas a luta não é um sinal de fraqueza, mas de força. Os ataques não retratam necessariamente momentos de ruína ou de desgaste do nosso caráter, mas sim oportunidades de nos comprometer, de crescer e de construir o nosso caráter. O mais maravilhoso da vitória na batalha espiritual não é o fato de simplesmente nos defendermos do inimigo pelo nosso bem-estar e potencial de crescimento, mas o fato de que, defendendo-nos do inimigo, crescemos.

Tarefas

1. A raiva e o ressentimento bloqueiam a amabilidade e o seu poder de cura. A chama da raiva e o ressentimento estão persistindo na sua vida? Você pode tomar medidas para perdoar e deixar que a raiva passe? Deixe que essa chama destrutiva se extinga. Observe o alívio e a paz que se seguem.

2. Observe o que está sendo alvo de ataque na sua vida e as batalhas espirituais em que você foi lançado. Com um exame cuidadoso, você pode perceber que é justamente aquilo que você realmente ama que está sendo atacado? Lembre-se de que a batalha espiritual não é indício de fraqueza, mas de força. Ore para ter força nos campos de batalha e pela vitória.

3. O amor em ação resulta em transformação espiritual. Pense em algumas pessoas que poderiam ser beneficiadas com um ato de bondade. Anote esses nomes numa lista. Ao lado deles, tome nota de uma atitude sua para iluminar-lhes o dia e sinta a sua própria bondade. Pode ser um telefonema, uma nota de encorajamento, uma oferta de ajuda, um presente anônimo — qualquer atitude que você ache apropriada. Ao longo da semana, cuide de fazer esses atos de bondade. Observe como isso ajuda as pessoas, e como ajuda você.

Sun Tzu disse:

O que faz com que um governo inteligente
e uma liderança militar sábia domine outros
e tenha realizações extraordinárias é a
capacidade da previsão [...]

Desse modo, só um governante brilhante ou um general sábio que possa utilizar os espiões mais inteligentes têm a garantia de grande sucesso. Essa prática é essencial para as operações militares, e os exércitos dependem disso nos seus empreendimentos.

Capítulo 13

O Caminho do Guerreiro

O caminho do guerreiro começa não com o individual mas com o Divino. O caminho do Divino é o caminho da vida — o caminho da contínua criação e sustentação, em todos os tempos, do que foi criado. Trata-se do alimento contínuo de todas as coisas, por meio do amor inesgotável, da sabedoria inconcebível e da habilidade imensurável. O que o Divino concede a cada entidade criada é inestimável em seu valor e tão cheio de significado que está além do pleno alcance da percepção. Isso pode ser descrito em muitas palavras: amor, misericórdia, compaixão, verdade, justiça, sabedoria; contudo, esses são termos humanos que descrevem reflexos da ação divina, mas não são o Divino em si, que é incognoscível. No entanto, é por meio dessas reflexões que o guerreiro espiritual toma conhecimento por intermédio da Fonte de tudo o que é. Tornando acessível o caminho da vida divina, o guerreiro espiritual é criado novamente, é sustentado, revigorado, iluminado, habilitado e guiado. Por esse processo, o mestre guerreiro espiritual trilha o Caminho, tornando-se um reflexo do próprio Caminho. Assim, trata-se de ser e de fazer. É o que declaravam os guerreiros de antigamente:

> A ti, Senhor, elevo a minha alma.
> Deus meu, em ti confio,

não seja eu envergonhado;
nem exultem sobre mim
os meus inimigos [...]
Faze-me, Senhor, conhecer
os teus caminhos
ensina-me as tuas veredas.
Guia-me na tua verdade e ensina-me,
pois tu és o Deus da minha salvação;
em quem eu espero durante todo o dia.

(Salmos 25:1-5)

O guerreiro espiritual não pode entrar nesse caminho divino a não ser por um compromisso consciente. Essa é a causa que motiva e guia o guerreiro espiritual. Por meio dessa causa, que pode ser resumida como um compromisso de fidelidade ao que é bom e verdadeiro, o guerreiro é capaz de transcender a si mesmo. Com uma vida e atitudes corretas, resultantes dessa transcendência, o guerreiro espiritual é transformado. Essa transformação é conhecida por muitos nomes: renascimento, espiritualidade, restauração e salvação. Trata-se, para o guerreiro espiritual, da realização de uma vitória completa e total. Portanto, se você quer tornar-se um mestre guerreiro, deve ser devoto do que é bom e verdadeiro. Na existência, no pensamento e na ação, essa é a sua causa e pela qual você irá lutar. Essa é a sua causa e pela qual, se for preciso, você irá morrer.

Quando essa nobre causa é adotada, a batalha começa. Embora toda vitória sobre as forças das trevas traga liberdade, nova luz, amor e uma nova humanidade para todos os que habitam no terreno plano, ela começa no interior. E deve, necessariamente, começar no interior. O guerreiro espiritual não pode mudar o mundo se não puder mudar a si mesmo. O guerreiro espiritual não pode livrar o mundo do mal se for incapaz de se livrar do próprio mal. O guerreiro espiritual tem grande dificuldade para contribuir com bondade e amor para o mundo se for incapaz de gerar bondade e amor em si mesmo. A batalha começa no interior. E com a vitória interior vem a vitória exterior. Ao expulsar os demônios dos campos de batalha da consciência de alguém, esses demônios são banidos da face da Terra. Ao cultivar bondade, compreensão e misericórdia em si próprio, o mundo por sua vez recebe a sua parte. Portanto, trave a batalha interior e você estará lutando por uma causa nobre em ambos os mundos. Vença a batalha, e a vitória de um será a de muitos. Em seu livro *Way of the Peaceful Warrior*, Dan Millman escreve:

> Quando você se torna plenamente responsável
> pela sua vida,
> Você pode tornar-se plenamente humano;
> Uma vez que você se torna humano,
> Você pode descobrir o que significa
> Ser um guerreiro.[1]

Quando os inimigos espirituais internos são combatidos, seja pela autodescoberta ou ataque, o caminho do mestre guerreiro é o da calma, da determinação, da persistência, da humildade e da disponibilidade para com a orientação divina. Sem calma não pode haver disponibilidade; sem determinação não pode haver persistência; sem humildade não pode haver orientação divina; sem orientação divina não pode haver vitória espiritual. Umas dependem das outras; como os soldados na batalha contam uns com os outros. No calor da luta, não hesite em clamar por ajuda espiritual. Essa é a chave para vencer todo combate. Quando tudo parece perdido, prossiga na sua determinação. A sorte da batalha vai mudar. Se não mudar, e a derrota for inevitável, é preferível render-se ao Divino a render-se ao inimigo numa esperança perdida. A vitória nunca é impossível; às vezes ela é apenas protelada. Lembre-se de que, com o Divino, todas as coisas são possíveis, sempre. A vitória é realizável, sempre.

> Ao vencedor,
> Dar-lhe-ei do maná escondido,
> Bem como lhe darei uma pedrinha branca,
> E sobre essa pedrinha vem escrito um nome novo,
> Que ninguém conhece, exceto quem o recebe.
>
> (Apocalipse 2:17)

Com a vitória na batalha espiritual, o guerreiro ganha poder, força, destreza, sabedoria e vitalidade. As batalhas que se seguem no decorrer do tempo podem ser tão violentas quanto antes, mas a força e capacidade do guerreiro são tão intensas e apaixonadas como antes. Por meio desses envolvimentos o mestre guerreiro conhece o terreno, evita os perigos, acampa em terreno protegido e organiza a batalha para assegurar a vantagem estratégica. Por meio da disposição correta, da perícia nas manobras, do conhecimento dos tipos de campos de batalha, do tipo do inimigo e das próprias forças e fraquezas, o mestre guerreiro torna-se invencível no embate com os inimigos espirituais. Livre do inimigo, o mestre guerreiro trilha o Caminho. Esse é o Caminho da vida e do amor. Trata-se de um Caminho sagrado, que se confunde com o Divino, aparentado com tudo o que existe, vivido pelo eu e testemunhado por todos. Como o Alce Negro falou desse Caminho sagrado:

> Com respiração perceptível, estou andando.
> Emito uma voz enquanto ando.
> De modo sagrado, estou andando.
> Com trilhas visíveis, estou andando.
> De um modo sagrado eu ando.[2]

Em virtude do que o guerreiro espiritual viu e experimentou na batalha, e por ter-se tornado conhecedor profundo dos terrenos espirituais e da terra, o guerreiro enxerga mil jardas à frente da maioria das pessoas. Andando tranqüilo no terreno, atento a todas as coisas, o guerreiro espiritual perscruta o horizonte com precisão e cuidado, tão alerta quanto uma águia, tão cuidadoso quanto um cervo, tão silencioso quanto uma raposa. O guerreiro vê o que os outros não vêem, age enquanto os outros reagem, sabe enquanto os outros ainda estão conjecturando. Por causa das cicatrizes nas batalhas anteriores, o guerreiro espiritual anda na humildade, aberto a todas as coisas e a todos os seres. Por causa da lembrança do sofrimento na batalha, o guerreiro espiritual tem uma profunda empatia por todos os que estão lutando contra os próprios demônios espirituais. Conhecedor do isolamento do combate espiritual, o mestre guerreiro estende a mão e oferece companheirismo a quantos clamam por aliados espirituais.

O mestre guerreiro busca irmãos combatentes para que se ajudem uns aos outros, para que se unam como aliados contra um inimigo comum. Os mestres guerreiros se ajudam na batalha — não que travem as batalhas uns dos outros, mas preferivelmente se compreendem, se estimulam, partilham sua sabedoria e apoio. Thich Nhat Hanh nos ensina:

> Meu bem-estar, minha felicidade
> Depende muito de você,
> E o seu bem-estar, a sua felicidade,
> Dependem de mim.
> Sou responsável por você,
> Você, por mim.
> Qualquer coisa que eu faça errado,
> Você sofrerá,
> E qualquer coisa que você fizer errado
> Terei de sofrer.
> Portanto, para cuidar de você
> Tenho de cuidar de mim.[3]

Unidos numa causa comum, eles travam a batalha maior para deixar as trevas rumo à luz. Por causa dessa união, são abençoados. Portanto, foi dito:

> Deus ama os que lutam por sua causa
> Nas fileiras, tão firmes quanto uma grande construção.
>
> (Alcorão, 61:3)

Unidos no amor e na bênção de Deus, a vitória máxima pode ser alcançada, a espiritualidade pode ser restituída a todos.

Essa é a batalha, a causa pela qual cada guerreiro espiritual trava batalha. Não existe batalha mais nobre. Essa é a arte da guerra espiritual e o guia para a vitória. Ela não pode ser alcançada de nenhum outro modo.

Portanto, siga em frente nessa causa, com coragem e em nome do seu Deus. Que suas batalhas espirituais terminem em triunfo. Que você encontre a paz duradoura. Nos seus dias finais, que você repouse contente; e ao entrar na total alegria da vitória espiritual, que possa dizer com satisfação:

> Travei o bom combate,
> Terminei a corrida.
> Mantive a fé.
> (2 Timóteo 4:7)

Outras Aplicações

Aumentar a Força com a Vitória

Conquistada a vitória na batalha espiritual, o guerreiro ganha poder, força, capacidade, sabedoria e vitalidade. Uma das maiores bênçãos da minha vida foi a de poder ajudar as pessoas a ter acesso ao guerreiro nobre que existe dentro de nós e a vencer seus inimigos espirituais. Testemunhar os milagres que acontecem na vida das pessoas, à proporção que elas encontram a paz interior pela primeira vez, sentem um crescimento que pode ser medido no caráter, aprendem a disciplina e usufruem a sabedoria cada vez maior de andar com o espírito e a integridade, é algo sem par em termos de recompensa. Lembro-me bem, não só das palavras, mas dos rostos e vozes cheios de alegria, enquanto todos contavam as bênçãos que haviam recebido nos cursos e retiros do Treinamento da Eficácia na Guerra Espiritual. Um homem confessou que estivera combatendo a depressão em toda a sua vida e que, de algum modo, pela primeira vez, ele tinha condições de entender esse inimigo e de enfrentá-lo, livrando-se de suas garras. Um outro falou na diminuição do medo, de como o poder de seu inimigo diminuía à proporção que as ilusões diminuíam, e de como agora ele anda sem ficar olhando para ver se esse inimigo aparece, como havia aparecido tantas vezes no passado. Um outro irrompeu em lágrimas de alegria e disse que achava que estava sozinho, mas que agora sabe que tem amigos verdadeiros e aliados contra os inimigos espirituais. Uma mulher me disse: "Sou contrária à guerra, mas nunca pensei que eu desejaria me tornar um mestre guerreiro, enfrentar o verdadeiro inimigo talvez na única batalha nobre, a batalha contra o meu eu. E eu não poderia ter imaginado na verdade que ia vencer essa batalha, mas me saio melhor a cada dia. À vitória!"

Use este livro para enfrentar seus inimigos espirituais. Encontre aliados que entrarão na batalha com você e descubram juntos de que modo ter controle sobre a sua vida. Aceite as possibilidades que o seu Deus lhe reservou, e dê a si mesmo a oportunidade de conhecer a integridade espiritual, o amor e a liberdade. Se você agir assim, não só ajudará a si mesmo, mas, ao caminhar com determinação e nobreza, como um verdadeiro guerreiro espiritual, fará deste mundo um lugar melhor para todos nós.

Stahyu! Seja forte!

Tarefas:

1. Comprometa-se com a vida e lute pelo que considera o Caminho bom e autêntico. A que ele se parece? Que juramento você pode fazer quanto a trilhar esse Caminho? Faça um juramento.
2. Reflita sobre a sua vida. Você entra na batalha espiritual com calma, determinação, persistência, humildade e conhecimento da liderança divina? Que qualidades você demonstra bem? O que você precisa trabalhar? Tome providências para melhorar nas áreas que precisam ser trabalhadas.
3. Qual é a voz que você emite enquanto trilha o caminho da vida? O que você gostaria que ela comunicasse? Como pode trilhar a sua vida de modo sagrado? Que caminhos você gostaria de deixar para trás?

Apêndice 1

Um Guia para Dirigir os Grupos de Companheiros da Guerra Espiritual

Observações iniciais: Bem-vindo aos nossos companheiros na guerra espiritual. Esta não é uma luta contra os outros, nem uma luta por alguma causa particular, crença religiosa ou associação. Trata-se de uma batalha espiritual pessoal contra os demônios, contra as tendências destrutivas, os vícios, as compulsões, os males e falsidades que existem em cada indivíduo. Trata-se de uma batalha muito real que acontece na mente, no coração e na vida de todos os que optam por viver espiritualmente. Esse companheirismo apóia cada indivíduo que trava essas batalhas, preservando a esperança, oferecendo companheirismo no campo da batalha espiritual e ajudando a preparar o caminho rumo à vitória espiritual.

Por causa da natureza pessoal dessas batalhas, é absolutamente necessário manter em segredo tudo o que é dito nessas sessões e as opiniões emitidas sobre outros. Ninguém ganha todas as batalhas espirituais, mas a pessoa pode encontrar a cura, pode crescer em força espiritual e pode alcançar a vitória duradoura se tiver um lugar seguro para compartilhar o que está acontecendo interiormente, e se tiver a oportunidade de aprender e de crescer. É nossa esperança que esse companheirismo seja esse lugar seguro e sagrado. Para criar esse lugar seguro, cumpra as seguintes diretrizes básicas durante nossas sessões:

1. ***O que é dito aqui permanece aqui.***
2. ***Você pode achar melhor "passar" quando for a sua vez de falar.***
3. ***Leve em consideração os outros, concedendo o mesmo tempo para os outros falarem.***
4. ***Não interrompa os outros quando estiverem falando.***

5. ***Não dê conselhos.***
6. ***Não tente "dar um jeito" nos "problemas" de outras pessoas, dentro ou fora do grupo.***
7. ***Guarde para si as suas opiniões e torne-se um ouvinte atencioso.***

Pela dedicação ao seu trabalho espiritual pessoal e pelo apoio desse companheirismo, possa você conseguir a vitória sobre os seus inimigos espirituais e encontrar a completude, a espiritualidade e a paz interior.

A Partilha da Luta: Revise as tarefas que foram sugeridas na sessão anterior. (São sugeridas tarefas no fim de cada capítulo.) Cada guerreiro espiritual partilha idéias ou descobertas ao realizar uma das tarefas escolhidas na sessão anterior.

Leitura: Um voluntário lê um capítulo de *A Arte da Guerra Espiritual*, versando sobre o assunto em que o grupo está trabalhando nessa sessão.

A Partilha da Sabedoria: Os guerreiros espirituais partilham suas descobertas a partir da leitura e o modo como elas se aplicam às circunstâncias particulares e à experiência de vida de cada um.

A Escolha de uma Tarefa Nova: Revise as tarefas recomendadas no fim do capítulo durante a semana. Cada guerreiro espiritual escolhe uma tarefa na qual se concentrar na semana seguinte. Lembre ao grupo que deve estar pronto na sessão seguinte para relatar suas experiências na prática dessas tarefas.

O Grupo Unido Fazendo Orações: Os guerreiros espirituais ficam de pé e dão-se as mãos. As pessoas podem fazer uma oração.

Apêndice 2

O Treinamento da Eficácia na Guerra Espiritual

Um fim de semana de aventura, desenvolvimento espiritual, companheirismo e aprendizagem

Como Ter Acesso ao Guerreiro Interior

A guerra espiritual é uma realidade — não existe uma pessoa no planeta que não tenha de lutar com seus demônios interiores. Despertar o guerreiro interior, aprender técnicas de combate interior, dominar o eu, ter acesso a poderes superiores e adotar um caminho de vida com uma missão são os meios para conquistar a vitória interior e uma paz espiritual duradoura. Este fim de semana é dedicado ao desenvolvimento da psique do guerreiro, conectando-o ao espírito e à terra, e ao companheirismo de guerreiros espirituais.

A Aventura e a Descoberta Espiritual

Realizado num fim de semana, o Treinamento da Eficácia na Guerra Espiritual é uma experiência de aprendizado e uma aventura. O guerreiro sente afinidade com a terra, aprendendo a reintegrar-se com a natureza e a andar conscientemente, observando, brincando e vivendo em harmonia nela. Os participantes têm a oportunidade, por meio de muitos processos, incluindo o imaginário orientado, o ritual e vários jogos, de conhecer a coragem, o companheirismo, a honra e a natureza heróica do guerreiro espiritual. Os participantes também exploram a vasta e assombrosa paisagem interior à medida que têm a oportunidade de despertar para realidades superiores do espírito, incluindo um conhecimento maior do Criador, o que proporciona um sentimento profundo de significado à sua vida, muito além do fim de semana.

Quem se Beneficiará?

Todos se beneficiarão com esse treinamento, principalmente aqueles dotados de uma mente aberta, os buscadores da espiritualidade, ligados com a terra e com o céu. Os que passaram pela experiência de outras aventuras e treinamentos de fim de semana se beneficiarão especialmente porque dispõem de uma base firme sobre a qual poderão crescer espiritualmente.

Para mais informações:

Escreva para Spiritual Warfare Effectiveness Training,
P.O. Box 267, Huntingdon Valley, PA 19006, ou e-mail
SWETINFO@aol.com

Se você quiser entrar em contato com Grant Schnarr para perguntas, ou se estiver interessado em requisitá-lo para uma palestra, escreva para:

Grant Schnarr
P.O. Box 743
Bryn Athyn, PA 19009
E-mail: GRSchnarr@aol.com
www.spiritual-recovery. com

Notas

CAPÍTULO 1. *AVALIAÇÕES ESPIRITUAIS*

1. *Shambhala: The Sacred Path of the Warrior*, de Chogyam Trungpa, © 1984. Reproduzido com a permissão da Shambhala Publications, Inc., Boston, www.shambhala.com, [*Shambhala - A Trilha Sagrada do Guerreiro*, publicado pela Editora Cutrix, São Paulo, 1992].

CAPÍTULO 2. *AS ARMAS DA GUERRA ESPIRITUAL*

1. Reproduzido a partir de *Being Peace* (1987) de Thich Nhat Hanh com a permissão da Parallax Press, Berkeley, California.

2. Lorenzo Scupoli, *Unseen Warfare* (Nova York: St. Vladimir's Seminary Press, 1995), 206.

3. Emmanuel Swedenborg, *Arcana Coelestia* (reimpressão, Londres: Swedenborg Society, 1993), 541.

4. Excerto de *Wisdom of the Native Americans*, org. por Kent Nerburn © 1991. Reproduzido com a permissão da New World Library, Novato, CA 94949, www.nwlib.com

CAPÍTULO 3: *ESTRATÉGIA DE COMBATE*

1. Carlos Castañeda, *The Wheel of Time: The Shamans of Ancient Mexico, Their Thoughts about Life, Death and the Universe* (Los Angeles: LA Eidelona Press, 1999), 19.

2. *Ibid.*, 267.

CAPÍTULO 4: *DISPOSIÇÕES ESTRATÉGICAS*

1. Excerto de *Tao Te Ching by Lao Tzu, A New English Version* com Prefácio e Notas de Stephen Mitchell. Copyright da tradução © 1988 de Stephen Mitchell. Reproduzido com a permissão da HarperCollins Publishers, Inc.

2. Emmanuel Swedenborg, *Doctrine of Life* (reimpressão, Londres: Swedenborg Society, 1954), 68.

3. Trungpa, *Shambhala*, 44.

4. Nhat Hanh, *Being Peace*, 35.

5. Extraído de *The Zen Way to the Martial Arts* de Taisen Deshimaru, tradução para o inglês de Nancy Amphoux, copyright © 1983 de Taisen Deshimaru. Usado com a permissão de Dutton, uma divisão da Penguin Putnam Inc.

CAPÍTULO 5: *PARA CRIAR VANTAGEM NO QUE CONCERNE AO ESPÍRITO*

1. *Tao Te Ching, A New English Version*, 27.

2. Castañeda, *The Wheel of Time*, 97.

CAPÍTULO 6: *VAZIO E PLENITUDE*

1. Emmanuel Swedenborg, *Divine Providence*, trad. para o inglês de W. F. Wunsch (West Chester, Pa.: Swedenborg Foundation, 1996), 151.

2. *Dhammapada*: *The Sayings of the Buddha*, trad. para o inglês de Thomas Byrom (Boston: Shambhala Publications, 1993), 7.

CAPÍTULO 7: *COMO SOBREVIVER À BATALHA ESPIRITUAL*

1. *The Dhammapada*, trad. para o inglês de F. Max Muller (1870); citado em *Religions of the World* (Nova York: St. Martin's Press, 1983), 191.

2. *Dhammapada: The Sayings of the Buddha*, trad. para o inglês de Thomas Byrom, 95.

3. Ver tarefa número três ao término do capítulo um.

4. T'ai Kung, *Six Secret Teachings*, citado em *The Art of the Warrior: Leadership and Strategy from the Chinese Military Classics*, trad. para o inglês e org. Ralph D. Sawyer (Boston: Shambhala Publications, 1996), 84.

CAPÍTULO 8: *ADAPTAÇÕES*

1. Helen Keller, *Light in My Darkness* (West Chester, Pa.: Swedenborg Foundation, 1995), 160.

2. Teedyuscung in *Native American Wisdom*, org. Kent Nerburn e Louise Mengelkoch, 25-6.

3. Miyamoto Musashi, *A Book of Five Rings*: *The Classic Guide to Strategy* (Woodstock, N.Y.: Overlook Press, 1982), 54.

CAPÍTULO 9: *MANOBRA ESTRATÉGICA*

1. Thomas Carlisle, "Sir Walter Scott," *London and Westminster Review* (nº 12, 1838).

2. Castañeda, *The Wheel of Time*, 144.

CAPÍTULO 10: *COMO TRANSPOR O TERRENO*

1. Emmanuel Swedenborg, *Divine Love and Wisdom* (reimpressão, Nova York: Swedenborg Foundation, 1976), 26.

2. Reproduzido a partir de *Black Elk Speaks*, de John G. Neihardt, com a permissão da University of Nebraska Press. Copyright 1932, 1959, 1972, de John G. Neihardt. Copyright © 1961 de John G. Neihardt Trust.

3. *Tao Te Ching, A New English Version*, 36.

CAPÍTULO 11: *CAMPOS DE BATALHA*

1. *Sir* Walter Scott, *Familiar Quotations*, org. John Bartlett (Boston: Little Brown & Company, 1938), 311.

CAPÍTULO 12: *O FOGO ESPIRITUAL*

1. *Tao Te Ching, A New English Version*, 78.

2. *Ibid.*, 44.

CAPÍTULO 13: *O CAMINHO DO GUERREIRO*

1. Dan Millman, *Way of the Peaceful Warrior: A Book that Changes Lives* (Tiburon, Calif.: H. J. Kramer, Inc., 1991) [*O Caminho do Guerreiro Pacífico*, publicado pela Editora Pensamento, S. Paulo, 1993], 37.

2. *Black Elk Speaks*, 4.

3. Nhat Hanh, *Being Peace*, 47.

Bibliografia

Bhagavad Gita. Traduzido para o inglês por W. J. Johnson. Nova York: Oxford University Press, 1994.

Castañeda, Carlos. *The Wheel of Time: The Shamans of Ancient Mexico, Their Thoughts about Life, Death and the Universe.* Los Angeles: LA Eidolona Press, 1999.

Dhammapada: The Sayings of the Buddha. Traduzido para o inglês por Thomas Byrom. Boston & Londres: Shambhala Publications, 1993.

DeMallie, Raymond e Elaine Jahner, orgs. *Lakota Belief and Ritual.* Lincoln: University of Nebraska Press, 1991.

Deshimaru, Taisen. *The Zen Way to the Martial Arts.* Nova York: Penguin Books USA, Inc., 1982.

Fields, Rick, org. *The Awakened Warrior.* Nova York: G. P. Putnam's Sons, 1994.

Koran. Traduzido para o inglês por N. J. Dawood. Nova York: Penguin Books USA, Inc., 1956.

Krause, Donald. *The Art of War for Executives.* Nova York: The Berkley Publishing Group, 1995.

Lao Tzu. *Tao Te Ching.* Traduzido para o inglês por Stephen Mitchell. Nova York: HarperCollins Publishers, Inc., 1988. [*Tao-Te King*, publicado pela Editora Pensamento, São Paulo, 1987.]

_____. *The Way of Life According to Lao Tzu.* Traduzido para o inglês por Witter Bynner. Nova York: The Berkley Publishing Group, 1944.

Millman, Dan. *Way of the Peaceful Warrior.* Tiburon, Calif.: H. J. Kramer, Inc., 1991. [*O Caminho do Guerreiro Pacífico*, publicado pela Editora Pensamento, São Paulo, 1993.]

Moore, Robert e Douglas Gillette. *King, Warrior, Magician, Lover: Rediscovering the Archetypes of the Mature Masculine.* San Francisco: HarperCollins, 1990.

_____. *The King Within: Accessing the King in the Male Psyche.* Nova York: Avon Books, 1992.

_____. *The Warrior Within: Accessing the Knight in the Male Psyche.* Nova York: Avon Books, 1993.

Musashi, Miyamoto. *A Book of Five Rings: The Classic Guide to Strategy*. Traduzido para o inglês por Victor Harris. Woodstock, N. Y.: Overlook Press, 1982.

Native American Wisdom. Filadélfia: Running Press, 1994.

Nerburn, Kent e Louise Mengelkoch, orgs. *Native American Wisdom*. Novato, Calif.: New World Library, 1991.

Scupoli, Lorenzo. *Unseen Warfare*. Organizado por Nicodemus of the Holy Mountain e revisado por Theophan the Recluse. Traduzido para o inglês por E. Kadloubovsky e G. E. H. Palmer. Nova York: St. Vladimir's Seminary Press, 1995.

Sun Tzu. *The Art of War*. Traduzido para o inglês por Thomas Cleary. Boston: Shambhala Publications, 1991. [*A Arte da Guerra*, publicado pela Editora Pensamento, São Paulo, 1994.]

_____. *The Art of Warfare*. Traduzido para o inglês por Roger Ames. Nova York: Ballantine Books, 1993.

Swedenborg, Emmanuel. *Arcana Coelestia*. 12 vols. Traduzido para o inglês por John Elliott. Londres: Swedenborg Society, 1986-1998.

_____. *Charity: The Practice of Neighborliness*. Segunda edição. Traduzido para o inglês por W. F. Wunsch. Revisado e organizado por W. R. Woofenden. West Chester, Pa.: Swedenborg Foundation, 1995.

_____. *Divine Love and Wisdom*. Segunda edição. Traduzido para o inglês por J. C. Ager. West Chester, Pa.: Swedenborg Foundation, 1995.

_____. *Divine Providence*. Segunda edição. Traduzido para o inglês por W. F. Wunsch. West Chester, Pa.: Swedenborg Foundation, 1996.

_____. *Four Doctrines*. Segunda edição. Traduzido para o inglês por J. F. Potts. West Chester, Pa.: Swedenborg Foundation, 1997.

Trungpa, Chogyam. *Shambhala: The Sacred Path of the Warrior*. Boston e Londres: Shambhala Publications, 1984. [*Shambhala — A Trilha Sagrada do Guerreiro*, publicado pela Editora Cultrix, São Paulo, 1992.]